百まで生きる覚悟

超長寿時代の「身じまい」の作法

春日キスヨ

光文社新書

はじめに

「新緑の美しい季節になりました。100歳のお祝いを戴きましてありがとうございます。可愛らしい紫陽花《あじさい》ですね、初めて見ました。来年も元気に美しい花を咲かせたいと思います。まずはお礼申し上げます」

これは、ひと月後が100歳の誕生日という女性をインタビューした後、私が訪問のお礼と誕生祝いを兼ねて送った紫陽花の花への礼状である。

女性は三男の「嫁」との2人暮らし。3人いた息子の2人がすでに逝《い》き、残る1人も病の床にあるという。しかし、なんと100歳の今でも、週3回はゲートボール。それに、92歳、91

歳、90歳、87歳といった、80歳以上の長寿女性たちと踊りのサークルを作り、会費集めも担当し、最大の楽しみが花を育てること。眉《まゆ》を描き、きちんとお化粧もした彼女から聞いた話は、興味深いものだった。

他にも、90代、80代が中心の高齢女性11人が集《つど》う「仲良しクラブ」のリーダーを務める98歳のひとり暮らし女性。この人のモットーは「錆《さ》びない鍬《くわ》でありたい」というものだ。鍬は使い続けていれば錆びない、人も、身体と頭を使い続けていれば錆びない。そういう思いで、晴れた日は使い旧《ふる》しの鍬で畑を耕し、週1日は仲間と集うという。

さらに、96歳と93歳の2人の女性は、年に数回、双方の自宅からちょうど中間地点にある県境の温泉宿で落ち合い、4、5日宿泊し、旧交を温める。加えて96歳の女性の方は、90歳の弟夫婦と、チケットが取れればカープを応援しに、球場に可能な限り通うという。

こうした100歳、もしくは100歳間近の女性たちとの出会いは、私の年齢観、人生観を大きく変える機会になった。100歳の人がこんなに元気だなんて。100歳の人が、毎日眉を描き、お化粧するなんて。100歳の人がなんとサークル活動をするなんて。100歳間近の人がしばしばカープの応援に行くなんて。

そして、何より刺激を受けたのは、この女性たちの、楽しみと希望を自分で生み出し、前向きに生きる姿勢だった。私も「80代で死ねるだろう」なんて甘い考えは捨てて、しっかり生きていこうと。

私は高齢者支援現場の招きに応じて、1990年代初めから、高齢者支援機関で行われる事例検討会や勉強会への参加、問題を抱える高齢者・家族に対する聞き取り調査という形で、高齢者家族の変化を追ってきた。

その中で、2000年の介護保険開始直後からしばらくの間は、単身息子と同居する高齢者虐待問題がどっと増えていった。それが近年は減ってきて、代わりに増えつつあるのが、80代後半以上の夫婦2人暮らし、ひとり暮らし、それも身近に身寄りがない長寿期にある人たち、さらに高齢の自立できないシングルの子と長寿期の親の双方が困難を抱える人たちの問題である。

そして、そうした変化の中で、支援者たちの口から、1990年代初め頃には聞くこともなかった「力がない高齢者は仕方がないけれど、力がある高齢者は、まだ若く力がある高齢期のうちに、備えをしておいてほしい」「今の高齢者は成りゆき任せで、何の備えもしていない」という声を聞くことが増えてきた。

一方、私の友人・知人たち、それも50代、60代の男性の中に、80代半ばを過ぎた実家の親の介護を担《にな》う人が増えてきた。通勤前に実家に立ち寄り、母親がデイケアに通う準備を手伝った後、職場に向かう人。実家で暮らす軽度認知症の親の元に、毎週末、長時間かけて通う人。妻と別居して親元に移り住み、介護を担う人、などなど。

同じ年代の女性の友人・知人には、別居する80代、90代の夫の父親、母親、自分の母親と、何人もの介護を担う人。夫婦2人が働いて成り立つ自営業なのに、80代後半の双方の親が同時期に認知症になり、親の介護を優先するか、仕事と自分たちの健康の方を優先するかの二者択一を迫られている人。これまで交流のなかった叔父、叔母の世話が、ある日突然舞い込んで、見捨てるわけにはいかないと世話をし続けている人。こうした形で、親世代の介護を担う人たちの負担が強まっている。

そして、こうした子世代の人たちから聞くのが、「元気なうちに、自分が倒れた後、どこで、どのように過ごしたいのか、自分の考えを持って備えておいてほしかった。自分でしていたのはお金と葬儀場の予約だけ。もう、全部、丸投げで、大変なんですよお！」という言葉である。

一方は支援者、一方は家族介護の担い手。立場は異なるが、両方とも高齢者の生活を支援する立場の人から、「まだ元気なうちに、倒れた時、どこでどう過ごしたいのか、誰の世話を受けるつもりか、自分の考えを固めておいてほしい。自分でできる備えはしておいてほしい」という声が聞こえるようになっている。

では、世話をする側、支援者側にそのように言わせてしまう高齢者側の意識と備えの実態は、一体どのようなものなのだろうか。本当に「成りゆき任せ」で何もしていないのだろうか。何の備えもしていない、もしくは備え意識が低いとしたら、その背景に、どのような理由が関わっているのだろうか。

そうしたことを確かめるために、40代から60代の介護を担う人の親世代にあたる70代、80代の高齢者、それもアクティブに活動する高齢者に、「自分がこれから老いて、誰かの世話が必要になった時のために、どんな備えをしているか。どこでどうするつもりか」と、話を聞いていった。こうした「アクティブな高齢者」に限定したのは、経済格差が大きい高齢者の場合、その要因が及ぼす影響を少なくしておきたかったからである。

そして、それとは別に、元気で在宅暮らしをする90代、100歳代の「元気長寿者」に、長寿期に向けてどんな備えをしていたか、これから倒れた時にどうするつもりか、さらに、日々どのような暮らしをしているのかなどについて、話を聞いていった。長寿期を生きるこの人たちの話を聞くことで、これから年老いていく下の年代の高齢者に必要な、長寿期への備えや生き方・暮らし方を知ることができるかもしれない。さらに、こうした私たちの身近に住む普通の「元気長寿者」の生き方・暮らし方を知ることで、今、流行ともなっている佐藤愛子さんや瀬戸内寂聴さんら「ご長寿本」の著名な著者たちとは異なる、一般庶民の長寿期への備え方がわかるのではないかと考えたのである。

話を聞いていった結果、何がわかったか。90歳から100歳間近の人たちの話からわかったのは、私が想像だにしなかった「元気長寿者」の暮らしぶりだった。

しかし、倒れた時のための備えについては、大正期に生まれ、戦前・戦中期に育ったこの年代の人たちの場合、「子ども（もしくは子世代親族）がみるのがあたりまえ」という伝統的家族観が残っており、事実、同・別居にかかわらず、いざという時には親を保護する役割を担う子世代が身近にいる人が多く、元気で夫婦2人暮らし、もしくはひとり暮らしを続けること以外に、自力で備えをする必要性を感じていない人が多かった。

一方で、問題と感じたのは、元気に活動する現在70代、80代の「昭和期生まれ」世代の高齢者の、長寿期に向けての備え意識と実態だった。

この世代では「子どもの世話になりたくない、なれない」と言う人が多いにもかかわらず、支援者や子世代介護者が言う通り、「お金と葬儀場の予約」以外、さしたる備えもなく、「成りゆき任せ」「暗いことは考えない」「どうにかなるんじゃないですか」。そう言う人が多かったのだ。

この人たちの長寿期に向けての備えは、もっぱら運動に励み、体力をつけ、健康増進することに集中し、あとは、趣味活動や社会活動、親族や友人との交流や娯楽に、日々のエネルギーが注がれていた。

しかし、「昭和期生まれ」高齢者が作る成人した子どもとの関係は、上の「大正期生まれ」高齢者が作るそれとは大きく異なっている。

「昭和期生まれ」高齢者になると、子どもが結婚したとしても親とは別居することが多く、その中で「跡取《あとと》り」と思って育てた息子でも、妻の実家との関係の方が緊密な家族も多い。

また、経済変動の中、非正規雇用や中途失業で低収入のシングルの子が親と同居し、親を保護するどころか、倒れるまで親が子世代の面倒をみ続ける家族もある。さらに、子どもがいても、遠く県外、それどころか外国に住む家族も増えている。

そうした中で、子どもがいたとしても、配偶者亡き後、年々延びていく長寿期を、一人で過ごさなければならない高齢者が増えている。

それに、子どもがいない夫婦や、シングルで生涯生きてきた、いわゆる「おひとりさま」。そうした人たちも増えているのが、「昭和期生まれ」の高齢者家族である。

このような家族変化の一方で、長寿化は今後さらに進み、介護を必要とする人が増える80代以上の人口は、2015年には997万人、総人口中7・8%だったのが、団塊世代までの「昭和期生まれ」高齢者が80代半ばになる2035年には、1629万人、同割合14・1%へと倍近く増えるという。そして、国の政策として進むのは、施設から在宅への高齢者医療・福祉の流れである。

そうした状況の中で、現在はまだ元気でアクティブに活動する団塊世代を含む「昭和期生まれ」高齢者には、上の年代の「大正期生まれ」高齢者とは異なり、長寿期を一人で生きる備えが必要になっている。「人生100年時代」といわれる今日、多くの人は「ピンピンコロリ」を望んでも、お迎えが来るまではあの世に逝けず、加齢による脆《もろ》さと弱さを抱えて「ピンピン・ヨロヨロ・ドタリ」という形でしかあの世に逝けない時代になっている。

だとしたら、「備えあれば憂い少なし」。「百まで生きる覚悟」を持って、自力でできることは備えておく。何より、「ピンピンコロリ」と逝けない時代、人の世話が必要になる最晩年期が待つことを覚悟し、「どこで、誰の世話を受けて、自分はその時期を生きていきたいか」「そのためには何が必要か」「住み慣れた自宅に可能な限り住み続けたいなら、どんな備えが必要か」といった「老い支度《じたく》」を、まだ元気な高齢者の間にしておいた方がよい。

それは「終活」といわれる「相続」「お墓」「遺言」などに関する「死に支度」とは異なり、長寿期をひとり暮らしや老夫婦２人で子世代の保護なしに生きねばならない時期に備え、元気なうちから「身じまいの作法」として身に着け、子どもとの関係づくりや地域の人との付き合い方、さらに施設で暮らすことを希望する人は施設に関する情報、何より改定のたびに変わる医療・介護・福祉に関する知識や情報収集などの取り組みをすることである。そうした取り組みの中で、現行制度の問題点も見え、高齢当事者としてどんな制度が必要かがわかり、声を上げることも可能になるかもしれない。

そして、そうした取り組みをすることは、決して「暗いこと」ではない。「歳《とし》をとる」ことには「歳には勝てない脆さ」があるだけではない。「歳をとっても〝私〟は〝私〟」と、状況を新たに拓《ひら》いていく力を人は持っている。「自分に足りないところは人に助けてもらえばいい」「他人の世話になることをみじめと思わない」。そうしたことを、私は「元気長寿者」たちから学ばせてもらうことができた。

前人未踏の長寿化が今後も進む中、新たな暮らしの形を作る知恵と知識、つながり力が、高齢者一人ひとりにも求められている。そんな社会が現代日本だと思う。

百まで生きる覚悟 ―― 目次

第5章 「ヨロヨロ期」の超え方、「ドタリ」期への備え方――179

本書で聞き取りを行った方の年齢は、調査時のものを記しています。
聞き取りは、２０１６年から２０１８年にかけて行いました。

カバーデザイン・熊谷智子

序章　「ご長寿本」ブームのその先

（1）「ご長寿本」の隆盛

「こんなに長生きするとは」——高齢期を生きるヒントを求めて

佐藤愛子著『九十歳。何がめでたい』（刊行時の2016年、著者92歳）。この本が、「2017年　年間ベストセラー」第1位だったという。93歳での年間ベストセラー1位獲得は、「ベストセラー最高齢記録」でもあるそうだ。

出版元である小学館のサイトを見ると、この本のヒット理由は、「時に世をはかなみ、時に昔を振り返り、過剰な進歩や自らの長寿を『何がめでたい！』と一喝するストレートな文章に、（読者が）感動・共感を覚えた」と記されている。たしかに、書かれた内容に感動した読者も多いだろう。

だが、それだけの理由だろうか。

ここ数年、佐藤愛子さん以外に、著者の年齢が100歳代、90代という本が、相次いで出版され、どれもそれなりに売れているという。100歳代の著者として、篠田桃紅《とうこう》さん（書家）、金《きん》原《ばら》まさ子さん（俳人、２０１７年没）、90代では、堀文子さん（日本画家、２０１８年に100歳に）、笹本恒子さん（写真家、同104歳に）、瀬戸内寂聴さん（小説家）、橋田壽賀子さん（劇作家・脚本家）、それに今年100歳になったという吉沢久子さん（評論家）の90代のときの諸著書、などなど。多様な分野で現役で活動する女性たちのものが多い。

もちろん、こうした本の筆頭に、２０１７年に105歳で死去した日野原重明さんの数多い著書も位置付けられるだろう。でも、日野原さんが90歳だった２００１年当時は、こうした「ご長寿本」を見ることはまだまだ稀《まれ》だった。

「ご長寿本」が相次いで出版され、どの本もそこそこに売れている背景には何があるのだろうか。

こうした類《たぐ》いの本を読み漁《あさ》っているという知り合いの80代女性は、「こんなにみんな、長生きする時代になるとは思ってもいなかった。自分もまだまだ死ねそうにない。これからどう生きるか、何かヒントは書いてないか。そう思って読んでいる」と言う。

本から「長寿期の生き方のヒント」を得る。この傾向は、『九十歳。何がめでたい』の読者の感想にも同様に読み取れる。これも出版社サイトで見てみよう。

高齢者の立場から、「私は72歳、90歳になっても自由な心で生きたいと思います」「根性を持って生きたい」「『胸を張って生きろ！』と励まされました」「老年もまた楽しからずや」「溜飲《りゅういん》が下がり、元気になり、視界が開ける」「アラ・ナインに希望をくれました」「老人向けの本がたくさんありますが、この本に一番、元気を頂きました」などなど。

子世代にあたる50、60代からは「83歳の母がいます。口ぐせは『長生きしすぎた、いつ死んでもいい』です。今からこの本を届けに行きます」「母にプレゼントする前に読んで、クスクスゲラゲラ、私も憎まれ口を言いながら、母もガンバッテほしいと思いました」「いささかも衰えない舌鋒《ぜっぽう》に感動しました。八十歳になり、元気のない母にも読ませたいです」などなど。

世代の異なる読者が、90歳を超えてもみずみずしい著者の、〝「自由な心」「根性」を持ち、

「胸を張って」生きる姿勢〟に共感し、長寿になっても元気に頑張って生き抜くことこそが大事という「生き方のヒント」を得ている様子が伝わってくる。

こうした事実は、「ご長寿本」流行の背景に、この種の本を同じような関心から手にする読者層の拡がりがあることを示すものといえるだろう。

（2）「ご長寿本」の著者の生き方は、「生きるヒント」になるか？

著名人と一般庶民の違い

近年になり、そうした流れが強まっているのはなぜか。そこには、日本の長寿化が他の先進国に類例のない形で短期間に進行し、人類未踏の長寿期を、多くの高齢者が手探り状態で生きるしかない社会状況が大きく関わっている。

90歳以上の人口変化を取り上げてみよう。

90代の人口は、２０００年の70万２０００人が、２０１７年には２０６万人（男性50万人、女性156万人）と200万人を超え、さらに団塊世代が90代になる2040年には、現在の2倍以上、531万人（男性158万1000人、女性373万6000人）に達すると予測されている。

90歳時に生存している人の割合は、元号が「平成」に変わった翌年の1990年には、女性26・3％、男性11・6％だった。それが、2017年には、女性50・2％、男性25・8％に上昇し、今や女性は2人に1人、男性は4人に1人が、90歳まで生きる時代になっている（【図1】）。

加えて、昭和の時代なら、こうした長寿期を支えてくれていた家族の形も、今では大きく変わってしまった。支える家族を持たない単身高齢世帯、高齢夫婦世帯が増え、子世代と暮らす場合でも、シングルの子との同居世帯が増え、結婚した子世代家族と暮らす世帯は、もはや少数派になっている。

そうした中、自力で80代、90代、100歳代の長寿期を乗りきるしかない高齢者が増え続けている。

だが、しかし、「ご長寿本」に励まされ、自分も「元気に」「胸を張って」生きていこうと決意した途端、はたと立ち止まり、「いったい、何によって自分は元気を奮《ふる》い立たせ、何を

【図1】90歳以上まで生存する者の割合の年次推移

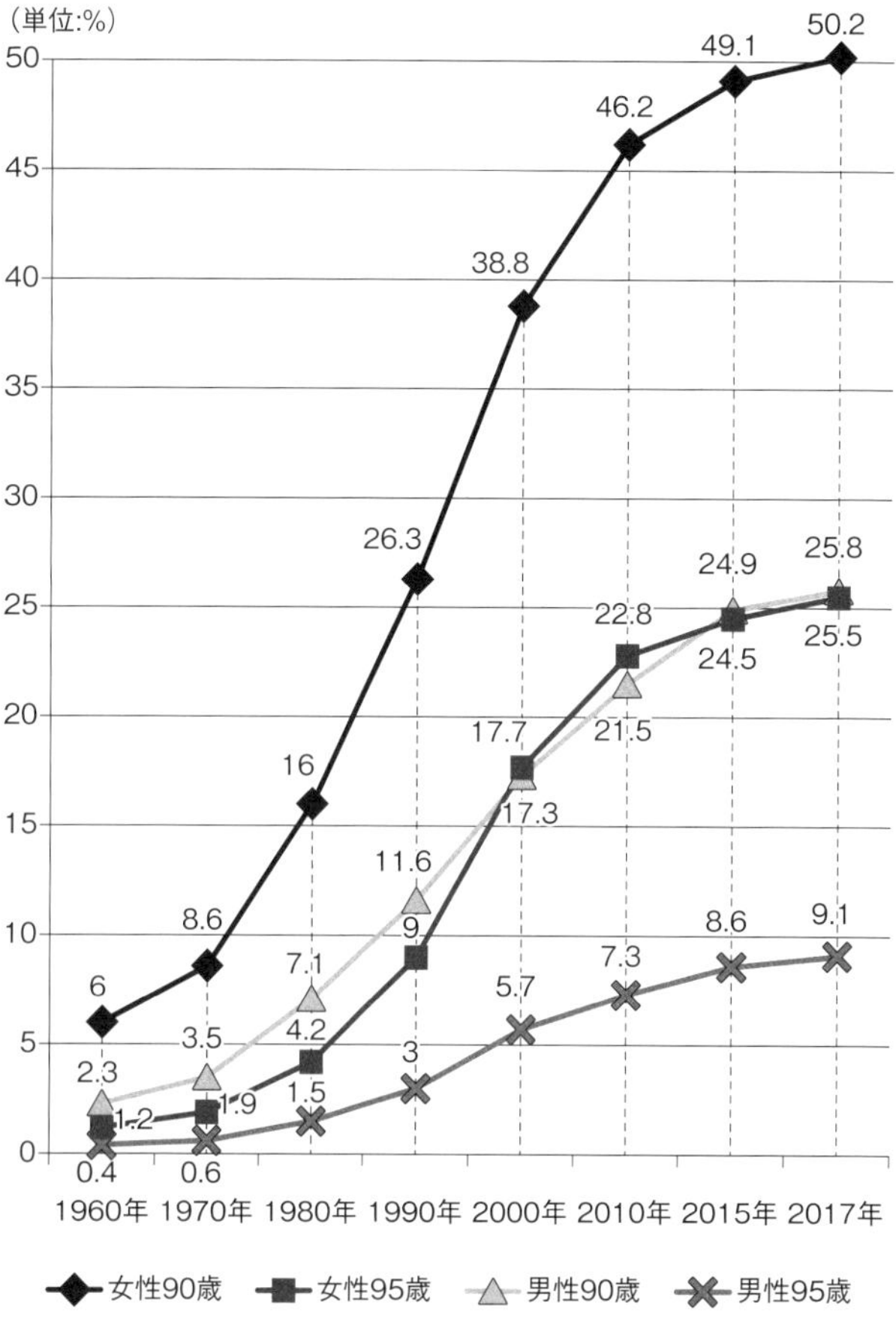

[出典]平成29年簡易生命表の概況(厚生労働省)

励みに日々を過ごしていこうか」と、自問する人も出てくるだろう。

「ご長寿本」の著者たちと一般庶民とでは、長寿であることと、加齢に伴う心身両面での変化を経験する点とで共通するものがあるとしても、大きく異なる点がいくつかある。

まず、著者たちには、90歳を超えても各分野で発揮できる才能があり、作品を世に問う形で、日々の励みとするものがある。さらに、経済力や、加齢に伴い「虚弱化」する自分を支えてくれる家族力、近隣・地域とのつながり、支援者とのつながりなど、社会関係のあり方も異なっている。著者たちの方が、経済的にも恵まれ、支える家族がいなくても、それを経済力でまかなうことが可能という人が多いだろう。著名人であれば、自分が求めずとも、人の方から寄り集まってくる。

経済力と社会関係力はつながっている。これは社会学の定説である。


身近な「元気長寿者」たちの元気を探る――「ヨロヨロ」でも元気に生きる

ならば、マスコミが注目する特別な才能や、社会活動の場があるわけでもなく、経済力があるわけでもない身近な「元気長寿者」たちは、自分の何を拠《よ》り所に、どんなことを日々の励みとし、どんな社会的つながりの中で暮らしているのだろう。

こうした問いを読み解く作業は、長寿者が今以上に増え、施設福祉から在宅福祉への制度転換が進む中、さらに重要性を増していくに違いない。

長寿期を在宅で生きる人生。それは「無病息災」というわけにはいかない。長寿であればあるほど、加齢に伴う疾病や虚弱化を免れることは難しい。

例として、「65歳以上における性・年齢階級別にみた（介護保険の）受給者数及び人口に占める受給者数の割合」（平成29年11月審査分）を挙げてみよう。70代後半では、男性8・1%、女性9・7%だったものが、80代前半になると、男性16・0%、女性23・4%。80代後半では、男性29・9%、女性44・9%、90代前半ともなると、男性48・0%、女性65・3%である。加齢に伴い、5歳刻みで要介護率が上昇していく（【図2】）。だが、急いで付け加えねばならないのは、ここには、介護保険サービスを利用しながらも、元気で在宅暮らしをする要支援1〜要介護2までの人たちが数多く含まれる点である。

現代の高齢者には「ピンピンコロリ」であの世に逝くことを願う人が多いが、その願いが叶うのは、少数の幸運な人だけである。「ピンピンコロリ」と逝ける死因の筆頭は「脳血管疾患」「心疾患」といわれるが、長寿化と医療技術の向上で、これを死因とする人は減少し、代わりに増えているのが「老衰」だという。

【図2】65歳以上における性・年齢階級別にみた受給者数及び人口に占める受給者数の割合

平成29年11月審査分

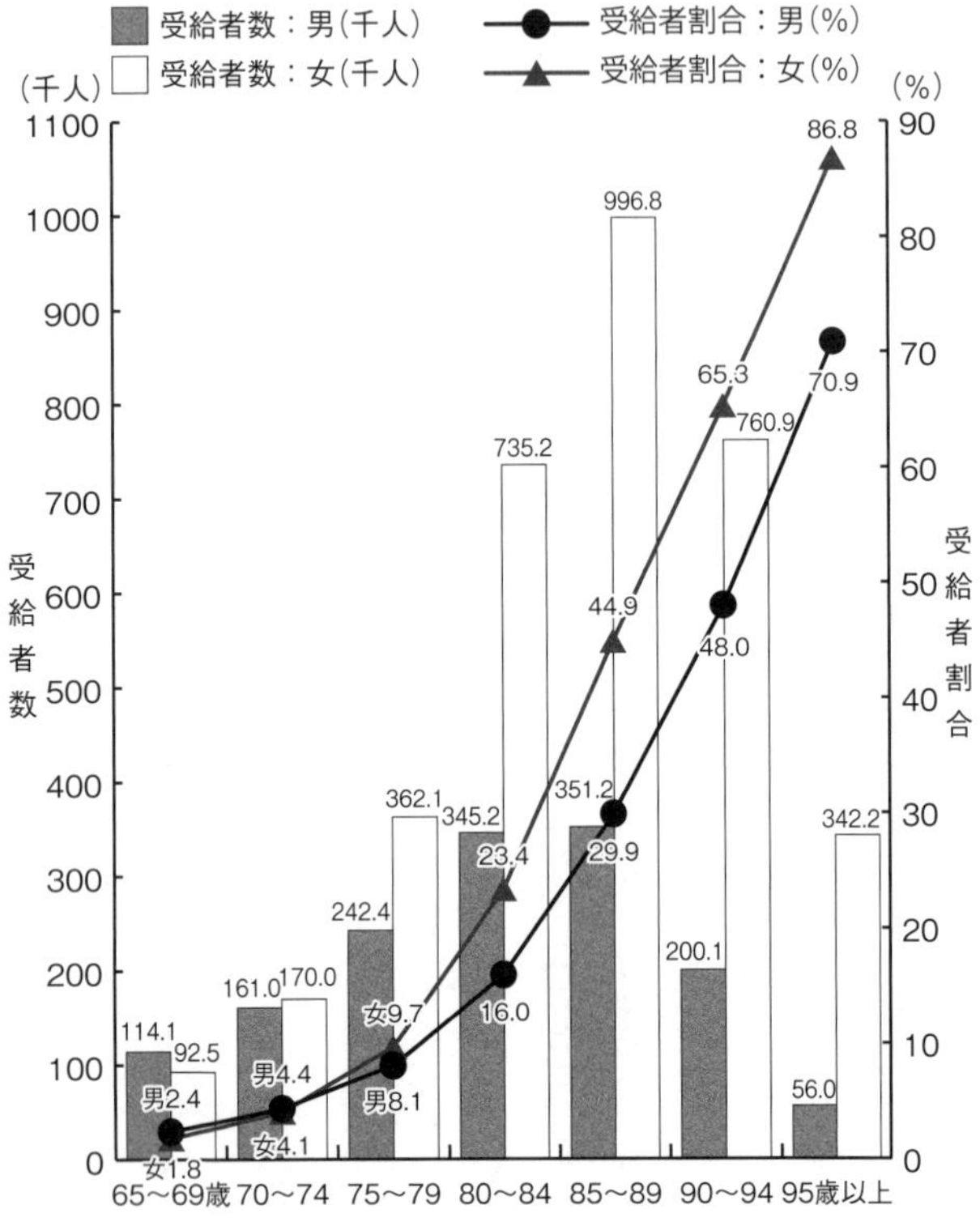

注：各性・年齢階級別人口に占める受給者割合（%） ＝ 性・年齢階級別受給者数／性・年齢階級別人口×100
人口は、総務省統計局「人口推計 平成29年10月１日現在(人口速報を基準とする確定値)」の総人口を使用した。

［出典］平成29年度 介護給付費等実態調査の概況（厚生労働省）

大方《おおかた》の高齢者は、70代までは元気であっても、晩年期の80代、90代の老いの坂を「ヨロヨロ」と生き、「ドタリ」と倒れ、誰かの世話になって生き続ける「ピンピン・ヨロヨロ・ドタリ」の高齢期を生きる時代になっている。

したがって、身近な「元気長寿者」の「元気」を探る作業とは、在宅暮らしの中で、加齢に伴う疾病や障がいを抱えながらも、長寿者が、何を拠り所に、何を励みとし、どのような日常活動・習慣で日々を過ごし、どのような形の社会とのつながりを作ることで、その「元気」を維持しているかを問う作業になってくる。

それはまた、「元気長寿者」たちが、近い将来に予測される「身体自立能力が衰え、〝下《しも》の世話〟を他人に委《ゆだ》ねざるを得ない状況〟になった時、どこで誰の世話を受けて生きるつもりなのかを問う作業なしには行えない。なぜなら、その隣り合わせに死が待ち受けているのが長寿期だからである。

（3）驚きの連続だった「元気長寿者」との出会い

固定的年齢イメージが崩される

「元気長寿者」の話を聞いてみたい。そう思い立った私は、在宅で暮らす、ひとり暮らし、夫婦暮らし、子世代と暮らす場合でも主たる生活の担い手となっている90歳以上の身近な高齢者を紹介してくれるよう、友人・知人に頼んだ。

その際、「長寿者」の年齢基準を90歳以上としたのは、平均寿命、女性87・26歳、男性81・09歳（2017年）を目安にしたというのと、加えて「ご長寿本」の著者たちの年齢が90歳以上だという理由である。また、有配偶の子世代と同居する人ではなく、こうした形の在宅高齢者に限定した理由は、今後増大するのが、子世代の支えなしに在宅で暮らす長寿者だと考えたからである。

その結果、2016年から2018年にかけて、「長寿者」30人を紹介され、その話を聞かせてもらってきた。

それは、長年、介護問題の視点から、介護を受ける立場の高齢者とその家族から話を聞く仕事をしてきた私にとって、驚きと新たな発見の連続だった。

私が出会ったのは、自分のなすべき「課題」を見つけ、選び取り、日課として日々それを成し遂げ、「現在《いま》を肯定」し、「前向きに生きる」長寿者たちの姿だった。

それは、私が無自覚のうちに持っていた、否、私だけではなく日本社会に広く共有されている「固定的年齢イメージ」、すなわち、「長寿者」は「もう歳だから」とチャレンジを諦《あきら》め、家族に保護され、狭い人付き合いの中で、単調な日々を過ごしている、というものと、まるで異なるものだった。

あたりまえといえばあたりまえなのだが、同年齢・同要介護度の長寿者であっても、話を聞く私の構えが、介護問題の文脈で「あちら側の高齢者」の話を聞く構えから、「近未来の自分の姿」と重ね合わせ、暮らしを切り盛りする「生活当事者」の話を聞く構えに変わることで、世話が必要な「固定的長寿者像」とは異なる生活実態が掬《すく》い取られてきたのだった。

元気とは、「健康」と「気力」

ところで、そうした視点に立って、普通の「元気ご長寿」の「元気のもと」を知ろうとする時、「健康」面はもちろん、それ以上に、その「気力」を支え維持するものが何かを探る必要がある。

「あの人は元気」と私たちが言う時、その「元気」には、「健康な人」「活動する気力がある人」の2つの意味が含まれる。この両面が含まれることなど、普段は考えないが、その点に留意して話を聞くことが、長寿者の場合、特に大事だと気付かされたのは、畑仕事中の近所の86歳男性との会話だった。

畑仕事の中で出た大量のゴミを片付ける男性のパワーに私は圧倒され、「お元気ですねえ！」と声をかけた。

すると、「元気じゃない、気力だ。気力がないとこんな仕事は年寄りにはできん」という言葉が返ってきた。私が言った「元気」を、「健康」の意味に解し、男性が、健康ではなく「気力こそ大事」と返してきたのだった。

たしかに、そう考えると、「ご長寿本」の著者たちの場合、著作依頼や講演などの外部からの要請が、「私は必要とされている」と「生きる意味」を与え、「気力」を奮い立たせる励ましとなる。さらに、与えられる要請や課題に応え、没頭する形で、日々の「時間」を埋め、「暇を持てあます」ことなく「気力」を保つことが可能である。日野原重明さんなどは、３年先の予定で、手帳が埋まっていたという。

しかし、そうした外部からの要請もなく、それどころか「お年寄りをいたわる」敬老精神によって、何も求められず、させてもらえないことが増える普通の長寿者の場合、自分自身でなすべき課題を見つけ、選び取り、その課題を成し遂げる中で、「生きる意味」「気力」を産み出していくしかない。それには、外からの要請で「元気」維持が可能な著名な長寿者たちとは異なり、自ら課題を選び取る力、それを日々遂行し続ける力といった、別種の力が必要となってくる。

そうした意味で、私が話を聞かせてもらった高齢者たちは、健康面では、既往症や疾病、聴力や歩行上の障がいがあっても、「気力」を持つ人たちばかりだった。

中でも、その「気力」が旺盛で、私が「スゴーイ！」と圧倒されたのが、次の３人の長寿者だった。

そこで、第１章では、その人たちの暮らしぶりを紹介する形で、普通の長寿者の「元気」のもとを探っていこう。

3人とは、娘亡き後、娘婿《むこ》と暮らす100歳間近（女性）のAさん。年齢にこだわらず新たな世界を拓き、「元気」を維持している95歳（女性）のBさん、そして、91歳（男性）のCさんである。

第1章　「普通の元気長寿者」の日常生活

（1）娘亡き後、娘婿と暮らす100歳間近な女性Aさんの暮らし

日課から見える「生きる気力」

話を聞かせてもらった長寿者中、100歳間近（取材時、以下同）という高年齢もさることながら、その生きる「気力」に圧倒されこの「すごい人だ」という思いを最も強く持ったのが、Aさんの暮らしぶりだった。

まず、簡単にAさんのプロフィールを紹介し、その「気力」を生み出し、維持する原動力

は何かについて考えていこう。

《Aさんのプロフィール》

1917年（大正6年）生まれ。夫は60代で死去。Aさんが自力で購入した居宅に、娘夫婦と同居。だが、Aさんが86歳の時、娘が死去。その後も娘の夫（70歳間近）と同居継続。経済面は、Aさんが定年まで35年間働き続けて得た年金でまかなっている。健康面では、耳が不自由で、筆談での日常会話が必要。また、立ち上がり時の困難、歩行時の不自由があるものの、重い病気の既往歴はない。

まず私は、Aさんの暮らしぶりの何に驚いたのか。

100歳間近という年齢にもかかわらず、同居する娘婿の食事を欠かさず作り続け、娘婿が食費、光熱費などの生活費をいっさい負担しない中で、丸ごと面倒をみていること。

次に、食堂を開いている孫のために、ラッキョウの甘酢漬けを毎年40キロも漬けていること。

さらに、Aさんの楽しみは編み物なのだが、今でも編み物教室に通い続け、自分用だけでなく、離れて住む息子や孫、曾孫《ひまご》用にも編み、地域の「公民館祭り」に毎年２、３点を出品し続けていること。

そしてなんといっても、そうした家事を、自分の決めたスケジュール通りに日課としてこなしていく徹底ぶり。

そうした日常習慣化したＡさんの暮らしぶりに、私はＡさんの生きる「気力」を読み取り、「スゴーイ！」と感じたのだ。

それをＡさんの語りから具体的に見ていこう。

Ａさんの一日の過ごし方

まず、Ａさんの一日は、「娘婿に食べさせる」ための食事作りを中心に組まれた日課を、スケジュール通りにこなす形で過ぎていく。

Ａさん「私みたいに時計を見て一日を過ごしている者は少ないと思います。

朝５時過ぎに目を覚まし、テレビをつけ、６時10分前に起きます。起きたらすぐ、仏様の水を替えて。仏壇が１階と２階に２つあるので大変なんですが、階段の手すりにすがってそれをして、その後、着替えて食事の準備をします。婿に朝食を食べさせ、後片付けをすると、7時。その後は普通、編み物をします。11時半になると、昼の準備、食事、それを片付けて、3時半になると夕食の支度。5時頃には婿に夕食を食べさせます。夕食の後片付けをしてお風呂。7時か、8時くらいまでテレビを観て、その後、寝ます。年中、時間の通りに動く。だからけっこう忙しいんです」

この語りからは、家事を日課としてスケジュール化し、それを徹底して守ることを自分の生活課題の1つとし、「年中、時間通りに動く」形でそれを達成できていることが、「私みたいに時計を見て一日を過ごしている者は少ない」と言うAさんの自負とつながり、暮らしを「けっこう忙しい」ものにする励みともなっている事実が読み取れる。

さらに、「時間の通りに動く」という課題だけでなく、生協から届く食材で作られる食事内容にも、Aさんなりの明確な基準がある。

Aさん「食べることには気を付けています。既製品は食べさせない。全部作ります。

ご飯は、白米1カップ、玄米1カップ、胚芽麦1カップを混ぜて炊きます。納豆、ほうれん草はよく使う。塩分を控えて。身体にいいという物は何でも食べます。酢の物は食べないといけません。果物はよく食べます。それが、人にしてやれる幸せ。嫌だなんて思わないです」

日々行うこうした家事に加え、月ごと、季節ごとの節目に行われる特別な家事もある。月の朔日《ついたち》・15日は「赤飯」、初夏のラッキョウが出回る季節は、その甘酢漬け作り、キュウリや茄子《なす》などの夏野菜作り、土用の丑《うし》の日は「ウナギ」、シラスの季節には、それを甥《おい》・姪《めい》たちに送り届ける仕事。

そうした課題を達成することが、暮らしの励みとなり、単調になりがちな生活に、メリハリが付けられている。家事内容もさることながら、私が驚いたのは、ラッキョウの量の多さだった。

Aさん「死んだ娘の子ども（孫）が食堂をしているので、店で使うためのラッキョウを毎年30キロ～40キロ漬けてやります。リビングに腰掛けて、ラッキョウの根を揃えます。

95歳頃までは60キロ漬けていました。前はラッキョウ酢も作っていましたが、この頃は酢だけは買います。

ひとつも大変と思わないんです。好きですするんです。畑も作っています。キュウリとトマトを。そうすると、草が生えるでしょ。あれが嫌なんです。私は（草取りの時）しゃがむとすぐに立てないから」

30キロ〜40キロのラッキョウのひげ根を揃える辛気《しんき》くさい仕事。これを100歳間近の人が毎年やっているなんて！　私が想像もしなかったことである。

プラス思考に組み替える柔軟性

ところで、Aさんの気力のもととなっているのは、身近な親族である娘婿、息子、孫、甥、姪などとのつながりの中で、「ちゃんとしてやらねば」という意識である。とはいえ、娘婿が食費や光熱費を負担していないことに見られるように、その関係は、Aさんが費やした多大な時間と経費に十分報いるものではなく、不均衡なものである。

しかし、そうした関係にAさんが不満を持ち、不服を訴えて攻撃すれば、娘婿との同居などすぐに破綻し、「元気」のもととなっている食事作り中心の日課も崩れ、Aさんの暮らしにも変調をきたすだろう。

身近な間柄で不当とも思えることがあっても、関係改善などは自分の一存ではできないのが暮らしというものである。そんな中で、生活を破綻させる方向ではなく、「嫌でするんじゃない、好きでするんです」「大変と思わないんです」と「現在《いま》を肯定」する生き方に切り替えているAさんの柔軟さこそが、「元気」の根本を支えていると思われる。

では、プラス思考の方向に切り替えるその柔軟さは、どのような形で成し遂げられているのか。

娘婿がAさん所有の家に住み、外出時の車の運転と風呂掃除以外は、何の家事も担わず、かつ、朝夕の食事代、光熱費もいっさい支払っていないと聞き、「一銭も入れないなんて、それはひどい。腹は立ちませんか」と、踏み込み過ぎかなと思いながらも聞いてしまった。それに対するAさんの答えは、次のようなものだった。

Aさん「払わないけれど、まあ、いいわと思って言わないの。それは、娘婿のためというより、孫には、母親が亡くなって父親しかいないでしょ。孫にとって大事な父親じゃないですか。父親のことを悪く言われたら嫌でしょ。だから、絶対に言わない。それに、亡くなった娘から、『お母ちゃん、孫と曾孫のことを頼むね』と頼まれていて、その約束を果たす義務が私にはあるんです。だから、娘婿の身体がちゃんとなるように食べさせる。塩分を控えてね。
私がいつまでも生きているわけではないですから。（今は）それができるという幸せですよね。ほんとそう思います」

また、甥・姪など他の親族に、贈り物を送り続ける理由も、次のようなものだった。

Aさん「私は7人兄弟姉妹で、もう全部逝ってしまって、いてもいなくてもいい私一人が残ってね。甥や姪にしてやれるよう、私は健康な身体を与えてもらっている。そう思って、お茶漬けでも食べられるようにとシラスを送ってやります。送ってくるのをみんな待っています。だからちゃんとします」

２つの語りから読み取れるＡさんの対処法は、暮らしの中で作る身近な二者関係の中でのみ損得勘定をせず、自分の貢献を、Ａさんにとって重要な意味を持つ他の誰か、つまり、孫や曾孫、さらには死去した娘や自分のきょうだいたちといった、時空を超えた相手に対する愛情や義務やお返しという形でとらえ、マイナス思考ではなくプラス思考に転換していくことなのだ。この柔軟性の力が、「それができるという幸せです」と言うＡさんの前向きな暮らしぶりにつながっている。

こう見てくると、私が「スゴーイ！」と驚いたＡさんの「元気」を支える大きな原動力としては、次の点を挙げることができるだろう。

まず、「聴力」の障がいや歩行の不自由さ以外は、重い病気を抱えていないという身体的「健康」の側面。これは大きい。

しかし、それとともに、過重とも思える日課を自分に課し、それを体力の衰えを理由に怠《おこた》ったりせず、ルーティン・ワークとしてスケジュール通りに遂行し続ける「自己統制力」、そして、それに裏付けられた「時間管理力」。

次に、そうあるしかない今の暮らしを継続するために、意に添わない、考えようによっては自分にとっては不利益そのものの関係を、プラス思考で組み替え、関係を破綻させずに持続する「社会関係力」。

日々営々と、Aさんが紡《つむ》ぎ出し、積み重ねるこうした営みにより、Aさんは身近な人にとって、なくてはならぬ「必要な人」となり、翻《ひるがえ》ってはそれがまた、Aさんの生きる励みとなり、「元気」を維持する力ともなっている。

（2） 80歳から新たな世界を拓いた、夫婦2人暮らし女性Bさん（95歳）

20万円以上のミシンを83歳で購入

Aさんの「元気」は、過重とも思える家事を日課とし、スケジュール通りにそれをこなす形で維持されていた。

それとは異なる形の長寿者の「元気」に驚かされたのが、98歳の夫と暮らす女性Bさん（95歳）、85歳の妻と暮らす男性Cさん（91歳）だった。

2人に共通するのは、自分の楽しみを持ち、長寿期になっても新しい社会関係を拓き、夫婦関係を組み替えていく力だった。

そこで、まずはBさんの暮らしぶりから、その「元気」のもとを見ていこう。

《Bさんのプロフィール》
１９２１年（大正10年）生まれ。98歳（大正7年生まれ）の夫と2人暮らし。子どもは2人。娘が町内に居住。80代に2回の入院経験以外、疾病はなし。

まず、私が注目したのは、「年齢にこだわらず、新たな選択をする力」が現在のBさんの「元気」を底支えしている事実だった。

Bさんは80歳過ぎに2つの新たな選択をしている。1つは地域活動デビュー。いま1つは、83歳で20万円以上するミシンを購入したことである。この2つは、「年齢にこだわる」人ならば「もう歳だから……」と諦めかねない選択である。

80代でしたこの選択が、いかに現在の「元気」とつながっているか。Bさんの語りから、具体的に見ていこう。

まず、Bさんの一日の過ごし方である。

Bさん「朝6時に起きて、朝食作り。朝はパンと味噌汁、野菜や果物。その後、私は洗濯や掃除。午前中に集まりがある日は出かけて、ない時はテレビを見ながら、編み物や繕い物。主人は週2回はデイケア、その他の日は、外回りの草むしりや家でゴソゴソ。昼食後は、集まりに出たり、編み物とか繕い物。昼寝はしません。夕食は7時頃。主人は寝るのが早いですが、私は11時頃。『もうちょっと、これが片付くまで』と言って、手仕事をしている」

先に見たAさんと同様、Bさんの一日も、規則正しくスケジュール化されている。だが、家族や親族のための家事を日課にしてスケジュール化されたAさんと異なり、地域活動への参加や、日中のみならず、夜11時までもなされる編み物・繕い物の時間の長さが、Bさんの特徴である。

長寿期にようやく内弁慶を克服

さらに、1週間、1カ月の時間のメリハリは、曜日ごとに異なる、地域の趣味活動への参加によって付けられている。

Bさん「地域活動の回数ですか。月に5日間ほど、地域サロンの集いがあります。他に老人会の民謡、童謡、折り紙の会、リハビリなんかで、けっこう忙しい。元気をもらいたいと思って全部出席してます。民謡は80歳過ぎから。折り紙の会は8年ぐらい前、私が86歳の頃から」

地域活動と縫い物・編み物の手仕事。この2つの課題を中心に「励む」Bさんの一日は「けっこう忙しい」。しかし、専業主婦だった彼女が活動を開始したのは、80歳過ぎという。Bさんは長寿期に入り「内弁慶」からの転身を果たしたのである。

Bさん「どっぷりやり始めたのは80歳過ぎてから。それまでは家の中ばっかりで。内弁慶で、外では発言もしなかった。こんなもんだと思い込んでいた。

でも、親しい地域の世話役さんに、『家の中にばかり籠《こ》もっていてはいけない。人にしてもらってても気にすることはない。受けた恩は若い人に順送りに返せばいい』と言ってもらった。それで気分が楽になって、ほうぼうに出かけるようになって、誰とでも話せるようになった」

さらに、こうした社会活動の他に、縫い物・編み物が、Bさんの生活時間のかなりの比重を占める。それは家族のためではなく、地域の人のためになされ、Bさんと地域の人とをつなぐ役割を果たしている。

「必要とされる」ことが元気を維持する

そして、そのきっかけが、83歳の時にBさんが、夫の反対を押し切って購入したミシンだという。

Bさん「前のミシンが82歳で壊れて。新しいのは20万円以上するので迷ったけど、やっぱり欲しい。主人は『20万円以上するのを買うなんて。洋服を買っても死ぬまでそんなにかからない』と大反対。でも『どうしても欲しい』と頼み込んで。

年齢がどうとか、これから先どうなるなんて、全然考えない。とにかく一日、目の前のことだけ。そいでミシンが来て、何かすることないかなと思うて。そしたら近所の人が裾《すそ》上げなんかで困っておられる。そいで『私が直してあげようか』と声をかけて、みんなが持ってきてくれるようになった」

83歳で購入したミシン。それがBさんに、以前はなかった地域の人との新しい付き合いをもたらし、90代の今の暮らしに彩りと「元気」を与えている。

次の語りを見てみよう。

春日　「かなりの時間を、縫い物・編み物に費やされているのですが、何をされているのですか?」

Bさん　「近所の人の洋服の直しやズボンの裾上げ。着物なんかも縫います。お金は本当はいらない。でも、タダでは気兼ねされるから、100円いただいてます。着物は、踊りをされる方の着物の縫い直しです。編み物は、地域の祭りのバザーに、ネックウォーマーとか小物をたくさん編んで、活動の資金にしてもらいます。それをやると気持ちが弾《はず》むから、必死になってやって楽しいんです」

このBさんの語りには、Aさんの語りと共通するものがあって、興味深い。共通するのは、2人とも過重とも思える家事を日課にすることで、「元気」が維持されている点である。だが、Aさんの家事が家族や親族中心であるのに対し、Bさんの場合、地域の人のためという性格が強い。さらに、2人に共通するのは、彼女らが費やす時間や労力に比べ、与えられる対価は少なく、金銭勘定からすれば大きく不均衡という点である。

しかし、Aさん同様、Bさんがそこから得ているのは、「気持ちが弾むから、必死になってやって楽しいんです」という言葉に見るように、日々「励む」ことのできる課題、それを達成する中で感じる「弾む」喜び、以前にはなかった地域の人との新しいつながり、その人たちに「必要とされる」「意味ある」日々である。

こうしたお金に換算できない「元気」な日々の出発点に、83歳時のミシンの購入がある。それが私には意味深く思われたのである。

「早く変わってないと、変わる時期がなくなる」

ここまで、妻の話を中心に述べてきたが、Bさんの夫の話も興味深いものだった。95歳を過ぎて、以前はすることもなかった家事の手伝いを始めたのだという。

Bさん「昔は家の周りのことだけ。今は風呂を洗ってくれるし、私が出かける時には『早く行け、しとくから』って、台所の洗い物なんかをしてくれる。変わったのはここ2、3年です」

夫「早く変わってないと、変わる時期がなくなるからね。一人では生活していかれん、やっぱり女房の力を借りなきゃ生きていけんから」

95歳になっても変わり続ける力。「早く変わってないと、変わる時期がなくなる」。印象深い言葉である。

こうしたBさん夫婦の姿勢は、「もう高齢だから、当番の組長の役は免除してあげた方がいいのでは」という周囲の意見に反し、夫96歳、妻93歳で、町内会の組長を引き受け、1年間その役を果たし、周囲を驚かせたことにも通じている。

「自分を年齢の枠で縛らない」「楽しみを持って生きる」。Bさんの「元気」の根本を、この2つが支えていた。Bさんとの出会いは、それが長寿期だったからこそ、この2つの力がいかに重要かを学ぶことができた得がたい体験だった。

（3）91歳、夫婦2人暮らし男性Cさん。「これから学びたいのは編み物」

性別にこだわらない柔軟さ

Cさんも、Bさん同様、現在の暮らしを楽しみ、年齢にこだわらずに新しいことに取り組み、「元気」な日々を過ごしている。

しかし、私が驚いたのは、妻と2人暮らしのCさんが、朝ご飯を作り、掃除、洗濯などの家事を日課とし、さらに、「100歳まで生きるなら、今から学びたいことは編み物」と語ったことだった。

これまでの経験から、高齢男性には、「居座り老人、居直り老人」とも呼ぶべき人がけっこう多いという先入観が、私にはあった。外との交わりに消極的で、家では何もせず、「居座って妻をこき使う」。要望が通らなければ、「声高にそれを押し通す」。そういうイメージである。

しかし、Ｃさんの暮らしは、そうした紋切り型の高齢男性のイメージが間違いで、性別にこだわらない柔軟な生き方が、長寿期の「元気」を支える事実を示していたのである。

《Ｃさんのプロフィール》

１９２５年（大正14年）生まれ。急な坂の上の自宅に、妻85歳（昭和５年生まれ）と２人暮らし。子どもは娘が３人。うち２人は、同一市内に居住。41歳時に右目失明。88歳時、重病で入院歴あり。車の運転は若い頃からしていない。

先の２人と同様、Ｃさんの一日の過ごし方から見ていこう。

Ｃさん「朝５時に起きて、朝食作りの前支度。６時25分からテレビ体操。その後、朝食を作り、７時頃〜８時頃まで朝食。妻が後片付け。９時頃から散歩。ただ歩く時もあるし、買い物を兼ねてのこともある。ボランティアの日は９時頃出かける。昼食は夫婦別々に作り、それぞれで食べる。

午後はウクレレなど自分の楽しみで過ごし、妻が作った夕食を妻とおしゃべりしながら2時間ほどかけて摂る。ゴミ出し、掃除、洗濯は自分が必要に応じて行う」

さらに、1週間、1カ月のメリハリは、ボランティア活動への参加、昔の同僚との交流などにより付けられている。

Cさん「朗読ボランティアを定期的には月3回、不定期で行くこともあります。難病の方のベッドサイドで本を読んであげたり、テープに吹き込んだり。71歳の時から20年ほど続けています。月に一度は、昔の同僚とのカラオケ。80歳まで自治会の会長もしていました」

話を聞いていくと、20年も続く朗読ボランティア活動と家事が、Cさんにとって大事な日課だというのがわかってきた。

朝食作りの前支度

中でも私にとって興味深かったのが、朝食作りだった。それは「ペンしか持ったことがなかった人が、退職後、食事作りをするようになった。娘が時たま来ると、『朝食だけで私らの一日分だ』と言う」と、インタビューに同席した妻が語る朝食である。日課の中の、「朝食作りの前支度」の意味が私には理解できず、「前支度って何するんですか」と聞いた。

Cさん　「朝食に味噌汁を作りますが、その前支度です。スープを野菜でまず取ります。細かく言うと、キャベツ、人参、タマネギ、カボチャ、それをいりこ7匹でとった出汁《だし》で40分間ほど煮ます。その後、野菜を網で全部掬い上げ、出汁だけにして、食べる直前にその出汁にわかめ、豆腐、油揚げを入れて味噌汁を作ります。十分出汁が出ているので、おいしいですよ」

春日　「具は捨ててしまうんですか？」

Cさん　「掬い上げた野菜は、温野菜で食べます。他に、朝食のおかずとして山芋をすって、それに生卵を混ぜて。これは1日も欠かしません。大根もすって温野菜にかけて食べます。この人（妻）が作ったひじきや干し大根の煮物や煮豆などの常備菜も、朝食のおかずです」

「前支度」とは「味噌汁の出汁作り」であることがわかると同時に、力の入れ方が並ではないと感心した。昼食についての妻の説明も興味深いものだった。これまで私が話を聞いた長寿期の夫婦には、不仲な場合を除き、昼食を別々に作る習慣を持つ人がいなかったからだ。

妻「昼は今、それぞれ好きな物を食べます。私は麺類が食べたかったら麺類を食べるし、主人はパンを食べたり。もちろん一緒のこともありますが」

健康維持のためのスポーツ教室通いや地域活動で、留守にすることがある妻と話し合い、現在の形にしたのだという。食事作りに自分も関わる理由を、Cさんは次のように言う。

Cさん「ま、食べることは誰でも自分でできるようにならんといけません。食べなきゃ生きていけんですから。弁当を買って食べたりしていると、身体が動かないようになります」

きちんと食事を摂ることなしに、「健康」は維持できない。Cさんの朝食作りの背景にあったのは、健康重視の考えだった。

不自由になって、人の役に立ちたいと思うようになった

この考えは、他の日課にも貫かれていた。「夫婦でこの年齢まで生きてきて、孫や子に自慢できるのはどんなことですか?」。この問いに対するCさんの答えは、次のようなものだった。

Cさん 「自慢できることですか。50歳の時から今まで40年間、病気の時、半年ほど休んだ以外は、毎日歩いてます。大方1時間、1日に7000~8000歩。これは誰にでもはできないことと思う」

体力を維持するために、40年間、毎日1時間歩き続ける。この日課を続ける「気力」も並大抵のものではない。

しかも、Cさんの場合、「健康」を維持し「元気」に過ごすためのこうした日課のみなら

ず、暮らしにメリハリを付け「気力」を養う社会活動への参加や、「自分の楽しみ」という点でも意欲的だった。20年に及ぶ「朗読ボランティア活動」、ウクレレ、昔の同僚とのカラオケなどである。

Cさん「ボランティアを始めたのは、目が不自由になって、ぜひ人の役に立ちたいと思うようになったのが動機です。(88歳時に重病で) 手術した後、やめようと思ったんですが、皆さんが回復祝いまでして下さって、で、やめないで続けて。それでリズムもできますし、これをしようというのがあれば、朝もピンと起きられます。もう亡くなられたんですが、難病の方のお宅を訪問して本を読むことを、かなり長く (していました)。(その方は) 強い意志の持ち主で、教えてもらうことの方が多かったです」

男性の長寿期には意識変革が必要?

ところで、Cさんと、先に紹介したAさん、Bさんとでは、大きく異なる点がある。女性であるAさん、Bさんは、若い頃から旧来の性別役割意識のもと、女性役割として家事を担い続け、現在もその能力を駆使して、一日の日課をスケジュール化し、親族や地域の人とのつながりを維持していた。

それに対し、男性であるCさんは、日課としての家事を「健康重視」「妻に対する配慮」から引き受け、社会参加も「目が不自由になる」という自己体験を踏まえ、「人の役に立ちたい」という動機から開始している。

これは、男女の違いという点から見ると、興味深い点である。

女性の場合、若い頃から馴染《なじ》んできた役割の延長線上で自分の能力を発揮しながら、長寿期を生きることが可能である。

一方、一家の働き手として職業役割を担い、家事領域や地域活動とは無縁だった男性が、長寿期を「元気」に過ごしたいと思えば、慣れない領域の活動に取り組む何がしかの意識変革、選択意志を必要とする場合が多いということである。

その意味で、朗読ボランティアや家事を日課にする暮らしを選び取ってきたCさんだからこそ、私の「これから100歳まで生きられるとしたら、Cさんは何をされたいですか」という質問に対し、私を驚かせる次の答えが返ってきたのだと考える。

Cさん「私は84歳でウクレレを習い始めて。もし100歳まで生きられるなら、そういうことでもして、好きですから。それと今からでも習うとしたら、編み物がしてみたいなあ」

春日　「エッ！　編み物ですか」

Cさん「歩けなくなったら編み物ぐらいかなあ。それも、帽子のいいのを編んでみたいなあと思う。欲があるとしたらそれくらいですね。ウクレレをやったりね」

「エッ！　編み物ですか」と私は反応してしまったが、難病の人のベッドサイドでの長期にわたる朗読ボランティア経験を通して、人の「死に至る過程」の学びをしてきたCさんだからこその、「編み物」かもしれないと思ったのである。

（4）Aさん、Bさん、Cさん以外の「元気長寿者」たち

固定的長寿者像にとらわれる必要はない

これまで話を聞くことができた「元気長寿者」のうち、とりわけ私が「スゴーイ」と驚嘆

し、私の長寿者観を大きく変えたＡさん、Ｂさん、Ｃさんの３人の長寿者を中心に、その「元気のもと」を探ってきた。

その結果、自分が選び取った「課題」を持つこと、スケジュール通りに規則正しい生活をすること、そして、人とのつながりの中で「必要とされ」「生きる意味を持つ」ことが、生きる「気力」を培《つちか》い維持する底力となることが見えてきた。

さらに、身体的「健康」を維持するためには、日々の「食事」をきちんと摂ること、散歩であれ、家事であれ、身体を動かし続けること、自分の楽しみを持ち続けること、そうした普段の習慣化された日課が不可欠であることを見てきた。

こうした事実は、ここで紹介することができなかったが、話を聞かせてもらった他の「元気長寿者」にも、多少の差はあれ、共通するものだった。

98歳で畑仕事と地域サロンのリーダーを務めるＤさん（女性）。そして、そこに集う97歳のＥさん（女性）は、70代の息子の食事作りと、畑仕事を日課とする。同じくそこに集う91歳のＦさん（女性）も、家事が日課。

ひとり暮らしのＧさん100歳（女性）、Ｈさん97歳（女性）、Ｉさん88歳（女性）は、仲良し３人組で、息子の車に乗せてもらい、月に一度の温泉を楽しみ、畑仕事も自分の食事作りもする。

100歳のJさん（女性）は、自営業の息子の手伝いで今も店に座り、自分の小遣いを稼いでいる。91歳のKさん（女性）は、地域サロンのお菓子作りを担当し、パソコンを駆使して販売業の娘の確定申告を代行する。

90歳の男性Lさんは、軽トラックで、毎日みかん山に通う。異なる県に居住する96歳のMさん（女性）と93歳のNさん（女性）は、双方からバスに乗り、県境の温泉宿で落ち合って4、5日宿泊し、六十数年続く友情を温め合う……などなど。

私が出会った長寿者たちの、数えあげるときりがない「元気」な暮らしぶりを聞くことで、私が持っていた「固定的長寿者像」は塗り替えられ、私の未来は少し明るくなった。

そして、話を聞く仕事が終わった今、アウシュビッツを生き延びた、精神医学者V・E・フランクルの次の言葉が、実感をもって私に響いてくる。

「人間であるということは、このあり方しかできない、他のあり方ができない、ということではけっしてありません。人間であるということは、いつでも他のあり方ができる、ということなのです。このように自分をつくりだす能力、自分をつくりかえる能力、自分自身を乗り越えて成長する能力は、だれに対しても否定することができません。また、その能力を侵害することもできません」
（Ｖ・Ｅ・フランクル著、山田邦男、松田美佳訳
『宿命を超えて、自己を超えて』春秋社、１９９７年、14頁）

第2章　元気長寿者にとって、「歳をとる」ということ

（1）年齢に「サバを読む」元気長寿者

高齢であることを自慢する――温泉での会話

「90歳以上ともなると、人は新たなことにチャレンジする意欲・能力が衰える」こうした高齢者観が、「元気長寿者」の話を聞くうちに、間違いであることがだんだんわかってきた。

加えて、もう1つわかったことがある。世間一般が持つ長寿者の年齢イメージと、元気長

寿者自身が持つそれとにはズレがあり、元気長寿者が自分の年齢に示す反応には、ユニークな面がいろいろあることである。

まず、不思議に思ったのは、インタビューする時、最初に名前を聞き、次に、年齢、生年月日を聞いていくのだが、その時、自分の実年齢にサバを読む人がけっこういるのである。88歳の人なら「もうすぐ90歳」、93歳の人なら「もうすぐ95歳」、98歳の人なら「もうすぐ100歳」という具合に。

70代くらいまでの女性には、自分の年齢を隠し、「何歳ですか」と聞かれるのは不愉快という人が多いのに、80代を超えると、尋ねられなくても自分から年齢を明かし、かつ、年齢にサバを読む人が増えてくるのである。

そうした事実について、今、思い出しても笑いがこみあげる「元気長寿者」たちとの出会いのシーンがある。

行きつけの温泉場での出来事である。脱衣室で入浴の支度をしていると、かなりの高齢と思われる女性が3人、おしゃべりしながら入ってきた。1人は多少背が曲がっているが、3人とも耳も口も達者で、80代前半かなという感じだった。

間をみて、「皆さんおいくつなんですか」と話しかけた。すると、一番年長者と見える女性から、「私は100歳。大正7年生まれ」と言葉が返ってきた。「ウホーッ！　100歳ですか。スゴーイ！　皆さん80代前半かと思いました。お元気ですねえ！」

その後、湯に浸《つ》かりながらのおしゃべりとなった。女性たちの元気ぶりを伝えるため、少し長いがその時の会話を紹介しながら述べていこう。

春日　「この温泉にはよく来られるんですか」

Gさん「そう、週2回はデイ（サービス）に通って、月1回は、3人で息子の車に乗せてもらって、ここに来る。97歳まではデイにも通っていなかったんだけど、3年前に介護認定を受けた方がいいと言われて、デイにも通うようになった」

春日　「それはすごいですねえ」

Gさん「でも、私も歳だけど、この人もけっこうな歳で97歳よ。まだデイにも通っていなくて、えらい人！」

春日　「ヘエー、それはスゴーイ！　で、デイに行かずに一日どう過ごされているんですか」

Hさん「畑で野菜を作ってるから、朝起きたら畑に行って、昼まで。できた野菜は近所の人に配りまくるの。みんな喜んでくださるから、それが生きがい」

春日「ご家族は？　お2人ともおひとり暮らしですか？」

Gさん「そう、ひとり暮らし。私は48歳の時に主人が死んでから50年以上、ズーッとひとり暮らし。Hさんは？」

Hさん「私は主人が70歳の時に死んで、それから30年近くひとり暮らし」

春日「ひとり暮らしは夜なんか怖いことはないですか？」

Gさん「怖いことなんてない。男の人もこの歳では寄ってこんし」

Hさん「こっちから頼んでも寄りつかない。逃げていく」（3人で爆笑）

春日「じゃあ、お2人にとって、何が今、一番怖いことですか」

Gさん「転《こ》けることかねえ」

Hさん「そうそう、転けることが一番怖いかねえ」

こんな調子で、もっぱら100歳と97歳の女性と私の3人のおしゃべりになった。

ところが、この2人が入浴を済ませ退出した後、なお、のんびり湯に浸かっていた私のもとに、外される形になっていたもう１人の女性がツツーッと寄ってきて、次のように告げたのだった。

Iさん「私も88歳だけど、元気ですよ。で、さっきの人、100歳だ、100歳だと言っていたけど、まだ誕生日が来ていないから本当は99歳なんですよ。奥さん（私のこと）に嘘をついていたんで、教えてやろうと思って」

なんでこの人、こんなことを言うのだろう。出ていった２人に、私が「スゴーイ！　お元気ですねえ」と連発したために、「88歳だけど、私も元気だ」と告げ、「お元気ですねえ」と言ってほしいのかもしれない。そう思いながら、「100歳」と言ったGさんに限らず、端からは「嘘つき」と言われかねない「実年齢にサバを読む」行為は、いったい、何歳ぐらいから、どんな心理が働いて始まるのだろうかと思ったのだ。

「若くて美しい」から、「若くて元気」重視への移行

Gさんが年齢にサバを読んだのは、100歳になると自治体からも長寿のお祝いが届く「めで

たい歳」だから、などという理由ではあるまい。高齢女性たちが年齢にサバを読み始めるのは、もっと早い年齢からだからである。

だが、早いといっても、60代ではない。60代くらいまでは、年齢にサバを読むどころか、年齢を隠し、実年齢より若く見せたい、見られたい人の方が多い。テレビの美容関連のコマーシャルを見ても、40代、50代に見せるための高齢者向け若作りの美容法が溢《あふ》れている。

そう考えると、こうした「サバ読み現象」が生じる年齢分岐点は、虚弱化し心身の不調を抱える高齢者というイメージが社会通念化している年齢、せいぜい80歳間近ぐらいと考えていいのではないだろうか。

この年齢ぐらいになると、女性は「若くて美しい方がいい」という「若さ」と「美」を重視する評価基準が、「若くて元気な方がいい」と「若さ」と「元気」とが結びつく方向に移行する。「若さ」はそのまま大事だが、加齢とともに、「元気であること」が「美しさ」に取って代わるのだ。そんな中で、人から「元気」と言われることが「自分は若い」という自己評価につながり、サバを読みたい心理が働くようになる。

だから、高齢になるほど、実年齢にサバを読む人が増えてくる。そして、そうした傾向があるのだとしたら、自分の年齢にサバを読み始める年齢が何歳ぐらいかを知ることで、自他ともに高齢者であると認める年齢が何歳ぐらいからかを知る目安にすることが可能かもしれない。そう考えたのである。

（2）「自分は歳をとった」と思わない、元気長寿者

同い年の他人を見て、思うこと

しかし、「自他ともに高齢者であると認める年齢とはいつなのか？」といったことに、私はなぜこだわるのか。それは「元気長寿者」の年齢についての考え方を聞く中で、私が持ったもう1つの疑問とつながっている。

高齢者の定義については、日本老年医学会が2017年、もともと「この定義には医学的・生物学的根拠はありません」として、これまでの、65歳以上が高齢者、うち、65歳から74歳を「前期高齢者」、75歳以上を「後期高齢者」とする定義を見直し、65〜74歳を「准高齢者」、75〜89歳を「高齢者」、90歳以上を「超高齢者」とする方が望ましい、という提言を

した。

その理由として、高齢者の加齢に伴う心身の身体的機能変化の出現が、10〜20年前に比べ5〜10年遅延していること、さらに、内閣府実施の意識調査結果でも、70歳以上、あるいは75歳以上を高齢者と考える人が多いことが挙げられている。

だが、そうした流れがあったとしても、90歳以上の長寿者ともなると、さすがに「自分は歳をとった」と考えているに違いない。そうした思い込みが、聞き取りを始める前の私にはあった。

そんな私が、長寿者が「自分の歳」についてどう考えているかを確認していこうと思うようになったのは、たまたまのきっかけからである。自分の「歳」について、78歳（記事中）の落語家の柳家小三治さん（１９３９年生まれ）が語る新聞記事を読んだ直後に、聞き取りをしていた91歳の男性Lさんが、小三治さんとほぼ同じことを語ったのだ。

記事中、小三治さんはこう語っていた。

「年をとるっていうのは、突然来るんですかねえ。だんだんなんですかねえ。（中略）年をとってるなんて、ちっとも思わなかったんだけどねえ。

クラス会に出かけて同級生たちを見ると、やっぱり年寄りだな、自分もこんな年なのかなって思ったりしますね。だけど私は、少年のまま、噺家《はなしか》になったときのまんまで、ずーっと来てるとしか思えないんですね」
（「語る――人生の贈りもの――　噺家　柳家小三治　①」
『朝日新聞』２０１７年10月30日付朝刊）

そして、Ｌさんもまた、次のように言ったのである。Ｌさんはみかん農家。軽トラックを運転し、みかん山と作業場を往復する暮らしをしている人である。

Ｌさん「自分は歳とったなんて思ってなかったんだが、この間、街を歩いてたら、３歳下の子ども時代の知り合いと出会って、『歳とったなあ、この男！』と思うて。でも、よく考えてみれば、わしの方が３つも歳上で、『わしも歳をとったんかいなあ』と思いましたよ」

２人とも、自分が「歳」を自覚するのは、他人を見る目を媒介にして自分を見る時で、日頃は「歳をとった」という自覚がないという。それを聞き、改めて「エッ？　70代だけでなく、90歳を超えても歳をとったと思わないのか。じゃあ、何歳ぐらいに、どんなことをきっかけに、人は自分が歳をとったと自覚するのか」と考えたのである。

その後、「元気長寿者」の話を聞くたびに、「自分は歳をとったと思いますか」と聞いていった。するとやはり、幾人もから、Lさんと同じような答えが返ってきたのである。

91歳の女性、Kさんもそうだった。Kさんは１９２６年（大正15年）生まれで91歳。若い頃に簿記を習った経験を活《い》かし、自営業を営む娘の代わりにパソコンで店の確定申告を行い、通信ツールとしてはスマートフォンを利用。地域の集いがある前日には、参加者30名のためにお菓子を焼き、年賀状も70枚ほど出すという。

春日　「自分で歳をとったなあと思ったりされることはありますか」

Kさん「思わないです。これが普通でしょと思っている。これがあたりまえ、歳をとったとは思わない。そうね、人が『あの人、歳なのに』とか、ゴソゴソ言っても気にならない。人が何か言っているといって気にする人がいるけれど、そんなのは情けない、もったいない」

春日　「耳も歯もお元気ですね」

Kさん「年齢を重ねても自分は年寄りだなんて思うことはないですね。それは感じない」

こうした話からわかるのは、他人は相手が「歳をとった」ことを、その人の外見の変化や暦年齢《れきねんれい》を基準に判断するが、長寿者本人は、自分自身の「歳」に関して、別の基準を持つということである。それはどのような基準なのだろうか。

暦年齢とは別の時間軸に生きている

私が前提にしていた暦年齢に立つ年齢観と、長寿者本人のそれとが異なっている事実を自覚させられた、元気長寿者とのやりとりの場面がある。第1章で紹介したBさん（95歳・女性）と、その夫（98歳）の話を聞いた時である。

Bさんが83歳でミシンを購入した理由を確かめる質問から始まった、夫婦との会話を紹介しよう。

春日　「83歳という高齢でミシンを買われたのは、まだまだこれから生きたいと考えられてそうされたんですか。歳だからとは考えられなかったのですか」

Bさん「これから生きたいとか考えたんではなくってね、とにかく何かしたい何かしたいという思いが先ですよ。自分の歳がどうとか、これから先どうなるなんて全然考えないで、とにかくそのときの目の前だけです。わたしはズーッと先のことというのは頭にないんですよ。とにかく一日、目の前のことだけ、視野が狭いんです、その中で一人が楽しんでいるというか」

春日「じゃあ、現在は若い頃の延長のままですか。歳をとったなぁとは思われないんですか」

Bさん「歳だなんて思わないですねえ。おじいさんは?」

夫「そう。歳は今いくつかと聞かれたら、ええと今、自分はなんぼじゃったかいなあという感じ。『えっ！　90なんぼ！』って相手に驚かれると、ああそうか、俺はそんな歳かなと思うくらいで」

私がBさんに発した「まだまだこれから生きたいと考えられてそうされたんですか。歳だからとは考えられなかったのですか」という質問は、ミシン購入当時のBさんの83歳という年齢、さらに女性の平均寿命87・14歳（2016年の数字、ちなみに同年の男性は80・98歳）という暦年齢の基準を暗黙のうちに含むものだった。

しかし、Bさんはそれを否定し、「これから先どうなるなんて全然考えない」「とにかく一日、目の前のことだけ、……その中で一人が楽しんでいる」と、自分は別の時間軸に生きていると言ったのである。

そして、その時間軸の中で、彼女がいかにイキイキと暮らしているかについては、すでに第1章で見てきた通りである。こうした事実は、暦年齢のみを基準として長寿者が生きる世界を考えることが、いかに偏ったものであるかを示すものといえるだろう。

哲学者・中村雄二郎は、暦年齢による「老年」観が見落としがちな点を、次のように述べている。

「『老年』や『老い』を問題にすると、どうしても人生のライフ・サイクルというテーマが出てきて、『老い』は生まれてから死ぬまでのあいだの最後のほう、つまり死に近づく段階ということになる。だから、時計が示すような水平の時間にそって見ていくと、人間の一生は、なんだか若いときには元気がよくて、年齢を取れば元気がなくなるということだけになってしまいます。

しかし、われわれは必ずしもそう生きているのではなく、水平の時間を横切る垂直の時間というか、各瞬間にある充実感をもって、別の世界に躍《おど》り出ていくということもある。たしかに物理的な時間・空間の中に生物として人間は生きているけれども、実際にはそういうものより、はるかに別の空間とか時間をつくり出す能力があるし、また、そういう楽しみ方をしている」

（中村雄二郎監修『老年発見』ＮＴＴ出版、１９９３年、48頁）

まさに、私が話を聞いた元気長寿者たちは、90歳を超えて高齢であるという物理的な制約を持ちながらも、それぞれが生きる暮らしの場で時・空を拓き、「自分は歳だから」と自分を閉ざすことなく、「いま・ここ」での楽しみを持って生きている人たちだったのである。

(3) 元気長寿者が「歳をとった」と、自覚する時

ご長寿本の著者が「歳をとった」と思う時

だが、こうした「元気長寿者」の暮らしぶりを知ったものの、当初、私が持った疑問は残ったままだった。なぜなら、「自分は歳だ」という自覚を、元気長寿者本人が持つ、持たないにかかわらず、彼／彼女らが「死」に最も近いライフ・ステージにあることはまぎれもない事実だからである。

だとしたら、この人たちは、いつどんな場面でそれに直面し、自分は「歳をとった」と言い始めるのだろうか？　そういう疑問を捨てることができなかったのである。

しかし、話を聞かせてもらった「元気長寿者」との会話では、その点について触れたものは少なく、初めて話を聞いた後、偶然にも1年後に再会し、2度話を聞く機会があったMさん（96歳）、Nさん（93歳）の2人の女性との会話だけだった。

そこで、２人とのやりとりに入る前に、まず、自分が「歳をとった」と思った時点とその理由を明確に語る「ご長寿本」の著者たちの体験をもとに、それについて考えていくことにしよう。

まず、作家の瀬戸内寂聴さんは、圧迫骨折による半年間の寝たきりの入院生活を88歳で経験したことが、初めて「歳をとった」実感を持った時だと語る。

それについて、「本当の老後は八十八歳からやってくる　九十五歳にして思う。『八十八歳からが本当の老後』」という見出しのもと次のように述べる。

「私も圧迫骨折で寝たきりになった八十八歳までは、『長生きの秘訣』について、誇らしく語れたかもしれません。ただ当時は、自分が高齢の老人であるという自覚さえ薄い状態でしたから、『長生き』と言われること自体がピンときませんでした」

（瀬戸内寂聴、池上彰著『95歳まで生きるのは幸せですか？』PHP新書、２０１７年、18頁）

また、同じ本で、「老人らしく生きる必要はない。自分らしく生きよう　八十八歳で『半年間の寝たきり』を初体験」という見出しの項では、次のように述べる。

「半年も寝ているだけという宣告もショックでしたが、何より驚いたのは、先生から『お歳ですから』と言われたことです。白内障のときにもたしかに自分の年齢を感じましたが、このときあらためて八十八歳という年齢を突きつけられました。『老い』を心底、実感したのは、これが初めてだったと言えるでしょう」(同前書、43〜44頁)

ここで興味深いのは、「何より驚いたのは、先生から『お歳ですから』と言われたことです」という点である。他人が暦年齢で長寿者を見る時の目と、本人自身の年齢感覚のズレが明確に示されている。

加えて、長寿者の年齢感覚をよく示しているのは、加齢現象の1つである白内障の手術を経験しているにもかかわらず、それが「歳をとった」という実感につながっていないことである。

88歳になるまで「高齢の老人であるという自覚が薄かった」瀬戸内さんにとって、「『老い』を心底、実感」するためには、半年間の寝たきりという形での日常生活の中断、介護を受ける境遇という２つの体験が必要だったのである。

歳を実感させる、２つの側面

それと似た事実を、脚本家、橋田壽賀子さんも、「私の老後は88歳から始まった」という見出しのもと、次のように書く。

「九十二歳になったいま、自分が間違っていたとわかりました。私は、人生に老後や余生などないと思っていたんです。

以前に出した本でも、こんなことを書きました。

〔いつから老後という範疇《はんちゅう》に入れるのでしょうか。定年後とか子育て後という言い方ならわかりますが、「老の後」とは、いったい何を指しているのでしょうか。〕

（中略）

ところがいまや、私はすっかり老後です。まったくの余生だと自覚しています。きっかけは、体力の衰えでした。八十八歳の米寿のお祝いをした頃から、身体がしんどくなりました。急に足が痛くなったり、背中が痛くなったり。出かけるときも、人に頼んで付いて来てもらわないと、どこへも行けません。それでもう『ああ、これは老後だな』と思うようになったんです」

（橋田壽賀子「私の老後は88歳から始まった」『文藝春秋』２０１７年10月号、318頁）

橋田さんが「老後」と自覚した年齢は、偶然にも瀬戸内さんと同じく88歳だったという。しかし、その自覚をもたらしたのは、88歳という年齢の要因より、「体力の衰え」や、日常生活で人の手助けが必要になったことの方が大きいのではないか。

別の著書で橋田さんは、次のようにも書く。

「（前略）忙しく働いている間は、死についてなど考えたこともありませんでした。『元気でいなければ、皆さんに喜ばれるものを書けない』という気持ちが強かったので、健康にも気を付けていました。ところがこの通り、いまはご要望がなくなってしまい、もう要らない、終わった人間になったのです。『そろそろ死ぬことを考えなきゃ』という心境になるのは当然です」

（橋田壽賀子著『安楽死で死なせて下さい』文春新書、２０１７年、67～68頁）

ここからわかるのは、90歳間近という年齢になっても、社会の「要望」に応え、執筆活動に勤《いそ》しむことが、橋田さんの日常習慣であり、暮らしだったという事実である。そして、「要望がなくなった」ことで、その日常習慣を失い、加えて「体力の衰え」から人の手助けを必要とするようになったことが、橋田さんに「死」を考えさせ、「老後」という自覚をもたらしていったと思われる。

こうして見てくると、瀬戸内さんや橋田さんに限らず、「元気長寿者」が「自分が歳をとった」と自覚するきっかけには、それまで日常習慣としてやっていたことができなくなり、「体力の衰え」により人の世話・手助けを必要とするようになること、この2つが大きく関わっている。

この2人の場合、「歳をとった」と実感した年齢を「88歳」と言うが、それが何歳であるかは、人それぞれだろう。90歳を超えても「元気」なままで、「歳だなんて思わないですね」と語るBさん夫婦のような例もあるし、年齢的にはもっと若くても、病気やケガで要介護状態になったり、生きる気力を失ったりして、「歳をとった」という思いで暮らす人もいるだろう。

一気に老け込んだNさん——日常習慣を失うことの意味

ところで、この2つの側面（「日常習慣の喪失」と「体力の衰え」）は、多くの場合、同時に生じることが多いため、この2つがどのように絡《から》み合うのかについては、あまり問題にされることはない。しかし、日常習慣を取り戻すことで「体力の衰え」を回復している人もいれば、体力があっても日常習慣を失ってしまうことで、「体力の衰え」が一気に進む人もいる。

元気長寿者が「歳をとった」という自覚を持つ契機に、この2つの側面はどう関わっているのだろうか。

この問いを考える手がかりを与えてくれたのが、先ほど少し紹介した、「最初の話を聞いたちょうど1年後、偶然2回目の話を聞くことになった」2人の女性、Mさん（96歳）とNさん（93歳）との会話からだった。

Mさんはひとり暮らし、Nさんは、息子夫婦と孫の5人暮らしだ。

60年以上にわたる友人同士という2人は、今は異なる県に住むが、年に数回、県境の温泉宿で落ち合い、4、5日ほど宿泊して旧交を温める関係だという。その2人を宿の女主人から紹介され、話を聞くことになったのだが、初めて会った時には元気だったNさんが、1年後にはすっかり「歳をとり」、それに関する話題となったのだ。

2人との初めての会話の際には、「温泉宿で会う以外の日常の交流はどのような形なのか」という私の質問から始まった。

春日「60年以上も友情が続くというのはすごいことだと思うんですが、ここに来られたとき以外、日頃の付き合いはあるんですか」

Mさん「Nさんはすごくこまめな人で、1週間に一度は電話がかかってくるんですよ。それが主ですかね」

春日「へえー！　すごいですね。1週間に一度というのは。で、電話でどんな話をされるんですか」

Nさん「たわいもないことで。『元気、どうしてる?』『今日はお花買ってきて玄関に活《い》けた。きれいだよ』とか。『トマトが熟《う》れたと思ったら全部猿に盗られた。それで、息子が網を張ってくれた』とか。まあ、なんでもないことです」

このように元気だったNさんが、2年目に会った時にはすっかり老け込み、元気を失っていたのだ。その間の事情を、年長者のMさんが、次のように説明する。

春日「Nさんは去年に比べて、元気がないような気がするんですが」

Mさん「そうなんです。以前はなかった『歳をとってしまって、息子らに迷惑をかけてばっかりだから、早く死んだ方がいいのかも』なんて、言い始めて。

去年までは畑で花や野菜を作っていたのが、今年は手が痛むようになってできなくなって。

(息子さんは)とっても孝行息子さんで、(Nさんは)日常は何もしなくていい。家事も、火事にでもなると危ない、掃除も転けたらいけんから、しないでいいと言ってくれて、何もしない。それに、耳が不自由になって、テレビの音量を高くしないと聞こえないんだけど、家族に気兼ねして、画面だけを見ているそうなんです。そうやって何もしないで一日一日を過ごすのは大変ですよね。

ほんと、去年に比べたらぐっと落ちてしまって、なんかぼんやりとした感じになって。私の場合はひとり暮らしだから、自分で何でもしなければご飯も食べられないし、ゴミの中で暮らすことになる。だから、けっこうすることが多くて忙しいんですが」

引用が長くなったが、長年の日常習慣としてきた家事や野菜作り、テレビ鑑賞という楽しみを、この1年の間に失ったことが、Nさんの体力、気力両面での「老化」と関わっているというのが、Mさんの考えである。

これは「元気長寿者」の「元気」に関わるのが何かを考える上で、大事なことと思われる。グループホームなどでは、時間がかかっても、利用者が職員とともに家事を行う施設がある。それは、長年続けてきた習慣を継続させることが、利用者の「元気」につながるという理由からである。

第1章で見た「元気長寿者」は、やるべき日課を、1日、1週、1カ月、そして季節ごとに、自分仕様にスケジュール化し、日常習慣として首尾よくそれを成し遂げている自分に、自負さえ持っていた。

習慣化した日課を果たすことは、人と交わした約束、自分が自分と交わした約束を果たす行為に他ならない。人との約束、自分との約束を果たすという目的（＝日課）を持つことが、

「気力」を培い、活動し続けることが、日々衰えを増す体力の低下の速度を緩《ゆる》め、「元気」を維持していく。習慣とはそういう働きをしているのだ。

そしてこの1年の間に、その習慣を全て失ってしまったことで、Nさんは「気力」を失い、のみならず、大病をしたわけでもないのに、何もしない生活の中で体力も衰え、「歳をとってしまった」「死んだ方がいいのかも」と言うようになっていた。

生きる気力を失うことで、一気に「老化」が進んだものと思われる。

習慣暦は、暦年齢の支配を超える

習慣が持つこの力について、詩人の長田弘は、猫が生きる世界の観察を通して、次のように述べる。

「人間のような言葉をもたない猫の言葉は、日々の習慣です。その猫の日々の在り方をつくっているのはその猫の日々の習慣だからです。食事の時間。散歩の時間。寝ている時間。猫といると、猫の日々の在り方をつくり、ささえている習慣というのが、一日の生き方、使い方、保ち方であるということを、ごく当然のこととして知るようになります。

その猫の習慣が、その猫の個性です。猫と暮らしていると、知らず知らずのうちに習慣の力というものをつよく意識するようになります。それぞれの生き方をつくりだすものはそれぞれの身に付いた習慣であり、習慣とよばれるそれぞれの日々の在り方であり、それぞれの自分の人生の時間の使い方であると」

（長田弘著『なつかしい時間』岩波新書、２０１３年、197〜198頁）


猫と同じく、生き物としての人間にも、「日々の在り方をつくり、ささえている習慣というのが、一日の生き方、使い方、保ち方である」という事実はあてはまる。そして、日常習慣を日課という形で、自分仕様に配置することで、「暦年齢」が支配するものとは「はるかに別の形の時間・空間」を作っているのが、第1章で見た「元気長寿者」の暮らしだったといえないだろうか。

テレビの前で居眠りしながら漫然と一日を過ごすのか、一日、1カ月、季節ごとになすべき日課を設定し、意欲を持って生きるのか。日課とは「いま・ここ」での「一日の保ち方」であるだけではなく、1カ月先、四季折々になすべきことを、未来への「希望」として、生きる意欲を培うものでもある。第1章で見たAさんにとっての「初夏のラッキョウ漬け」「シラスの贈り物」とは、そういう性格のものだったのではないだろうか。

「暦年齢」で動く仕事役割や子育て役割から、はるか昔に引退した「元気長寿者」にとって、日常習慣として配置された時間・空間の性格がどのようなものであるかが、その年齢感覚を大きく左右するようになる。

健康維持や社会的交流、なぐさめとなる楽しみ。生きる気力を日々補給してくれるこうした活動を、日常習慣に日課として組み込んだ、自分仕様の「習慣暦」を作って生きてきた人の場合、「習慣暦」の方が「暦年齢」を超えて、その年齢感覚を規定するようになる。「この日課をやれているから、まだ自分は歳をとっていない」という形で。

そして、いよいよ「歳をとった」と実感がなされるのは、病気やケガで、日常習慣としてきた日課をやり遂げるのが困難になった時だ。その時点まで先延ばしされていくのが、「元気長寿者」、いや「元気長寿者」に限らず、多くの高齢者の年齢感覚なのではないのだろうか。

そして、「生涯現役」という考えや、高齢者の自立が奨励されればされるほど、現代日本の高齢者の年齢感覚はそうした方向に変化していく。

序章で、人生100年時代とは、「ピンピンコロリ」ではなく「ピンピン・ヨロヨロ・ドタリ」の時代であると述べた。

それは年齢感覚の点から見ると、次のようにもいえるのではないか。

暦年齢で「高齢者」と分類される年齢になり、体力が落ち、いくつか病気を抱え、足も弱り「ヨロヨロ」していても、日常習慣がそれなりに継続している間は、「歳をとった」という事実を「心底、実感する」ことなく、80代、90代に突入する。そして、長寿期のある時点で、病気やケガで「ドタリ」と倒れ、回復困難な状態になって、その自覚を初めて持つ。そうした長寿者が増えていく時代。そうはいえないだろうか。

それは喜ばしい方向の変化とも思えるし、一方では深刻な問題をはらむ方向での変化でもある。

第3章　家族の揺らぎと長寿期生活リスク
——「ヨロヨロ期」のために備えない高齢者たち

(1) 求められる「備え」意識

「世話にならざるを得ない」時期について考えようとしない高齢者たち

支援者A「問題だと思うのは、家族がすっかり変わっているのに、相変わらず、娘がみてくれるだろう、嫁がみてくれるだろうと何となく思って（いて）。自分で何とか準備しておかねばと考える人がいないことですね。で、多いのが、息子家族は本宅に、高齢者は離れに住んでいて、息子家族が全く関わらないというのが増えている。『うちは国交断絶していますから、兄夫婦はいるけどいないものと思って関わってください』と、外に出た娘さんが通って世話をしている」

支援者B「一般の人の言う〝終活〟は、ターミナルや死後のことばかり。その手前にある〝支援や介護が必要な期間〟のことは抜け落ちていて、具体的に考えていない。この間も、90歳のひとり暮らしの男性から、『具合が悪い。どうかしてくれ』って、電話があって、訪問したら、食事をちゃんと摂っておられなくって。前から気になってた人なんですが、『死んだら海にでも骨を撒《ま》いてくれればいいから』と言うばかりで。いろいろ提案しても、なかなか動こうとされない」

支援者C「高齢のご本人たちは、家族に自分の将来を任せっぱなしです。独居の人でも、『先のことをどう考えておられますか』と確認しても、『寝たきりになれば施設か病院へ行く』と言うだけで、具体的に考えてない方が多い。

この間も、91歳の独居の女性のケースでバタバタしました。ご主人に先立たれ、子どももなく、身元保証人なしの人です。まだ比較的元気な頃、『先のことをどうしようと考えておられますか』と聞いたら、『あんたはあたしが何も考えずにボーッと暮らしていると思っているのか？ 私なりに考えている』とすごい剣幕で怒られました。で、今年に入り、圧迫骨折を繰り返し、『ひとり暮らしが不安なので施設に入りたい』と言い出されて。でも、具体的に何も動いておられなかったので、急遽《きゅうきょ》NPOを頼み、ショートステイを手配し、大騒動でした」

それぞれ、在宅高齢者を支援する訪問看護師、地域包括支援センター職員、ケアマネージャーの言葉である。職種は異なっても、「元気なうちに、誰かの世話にならざるを得ない時期について備え、考えようとしない高齢者の生き方が、いざ倒れた時の窮地に関わっている」という見方は共通する。

こうした言葉を、私は高齢者支援現場で何度聞いてきたことだろう。そして、そもそも私が在宅暮らしをする「元気長寿者」の話を聞いてみようと思い立ったのは、こうしたケースを見聞きすることが多く、とはいえ在宅暮らしの80代後半、90歳以上の人ともなれば、自分が倒れた時にどうするかについて考えている人の方が、さすがに多いのではないか、そう思ったからだ。

しかし、「元気長寿者」の話をこれまで聞いてきて、支援者たちの実感が正しいことがわかってきた。自分が倒れた時のことについて、不安を持つ、持たないにかかわらず、具体的な備えをしている人は少ない。それは支援の対象となった一部の高齢者ばかりでなく、高齢者一般に広く共通して見られる傾向であると考えるようになった。

元気長寿者でさえ「必要は感じるが、何をすべきかがわからない」

話を聞いた「元気長寿者」の場合、「お墓は大丈夫」「葬式互助会に入っている」「相続は解決済み」などなど、「終活」といわれることに関しては考えている人が多かった。

しかし、近い将来、世話を受けるようになった時、「自分の身をどこで誰に託すか」については、具体的に考え家族で話し合っていない人が圧倒的に多かった。

前章で紹介した、1年の間に弱ってしまったNさんは、「これから歩けなくなったりしたら、どうされるつもりですか」という問いに、「息子にすがるばかりです」と言うのみだった。他の人も、頼れる子どもがいる人の場合には、同居、別居にかかわらず、「娘・息子がいる」「嫁さんがいますから」と答え、子どもがいない人、いても頼るつもりがない・頼れないと考える人は、「成りゆき任せです」「考えても仕方がないことは考えません」「お金があればどうにかなるのでは」「この歳だから、そんなことは考えません」と答える。

90歳を超えても、あれほどイキイキと自分の世界を切り開いていた「元気長寿者」たちが、倒れたら明日にでも解決を迫られる自分の身の振り方については、子どもに「丸投げする」か「成りゆき任せ」で、自分自身は何を望むか、どうするつもりかを具体的に答えることができず、必要と思われる備えもしていなかった。

これは不思議なことだった。この人たちは、社会活動に意欲的に参加し、身体も動かし、食事にも気を配る人たちだった。単なる無知から来るものとは思えなかったのだ。

だが、その中に数人、「何かした方がいいと思うんだけど、具体的な手立てがわからない」「何を備えればいいんですか？　それがわからないのよ」と言う人がいた。

それを聞いて、「そうか、備える必要は感じるが、何をすればよいかがわからない。それが現状ではないか」と考えた。

「終活（死に支度）」ではなく「老い支度」が必要なわけ

「終活」と、自分に手助けが必要になる時に備える「老い支度」とは、どう異なるか。「終活」とされるものには、「葬儀」「相続」「墓」「延命治療の是非」「生前整理」などが含まれ、自分の死後、遺された家族や他人が困らないための「死に支度」の性格が強い。

しかし、在宅暮らしを続けたいと望めば、「ヨロヨロ」と生きるしかない人生ステージが待っている。「老い支度」とは、このステージで生じる様々なリスクを最小限にとどめるために、まだ判断力や自己決定力がある元気な間に、必要な福祉や医療・介護に関する制度的知識や情報収集、対処法を学び、暮らしのあり方や人間関係を組み替え、自分自身の将来のために自ら備える活動である。

その点で「死に支度」である「終活」と、「老い支度」とは性格を異にする。また、「ドタリ」と倒れた後の身体介助が中心問題で、手助けする側・される側双方の関係性が関わってくる「介護問題」とも異なっている。

ところで、私が高齢者支援現場に関わり始めた１９９０年代始め頃には、支援者Ａ、Ｂ、Ｃのような発言を聞くことはなかった。なぜ、現代の支援者たちは、高齢者自らが「老い支度」をする必要性を語るようになったのだろう。

そこには、高齢者の意識と、手助けが必要な高齢者を支える基盤であった家族が、相反する方向で進んだ近年の社会変化が関わっている。

すなわち「生涯現役」「自立」が強調される中で、高齢者の意識は、自分を「歳と思わない」で「健康づくり」に励むことこそが大事と考える方向へと変化している。一方、現実問題としては、75歳以上が高齢者人口の半数を超える長寿化の中で、大きく家族が変容し、身近で守り保護してくれる子どもや親族がいない高齢者が増大し、いざという時に頼る者もなく、どう対処すればいいか途方に暮れる人が増え続けているのだ。

要介護高齢者の4~5割は身近に子どもがいない時代

2015年「国勢調査結果」を見てみよう。

85歳以上の高齢者家族であっても、結婚した子どもや孫などと住む伝統的な「核家族以外の世帯」は、男性24・1%、女性30・3%に過ぎない。

男性では「夫婦のみ世帯」32・9%、「単独世帯」13・5%、「単身の子と住む世帯」15・9%、「施設」13・3%。

女性では「夫婦のみ世帯」5・9%、「単独世帯」22・1%、「単身の子と住む世帯」15・

0％、「施設」26・3％である。

かつてであれば、倒れると、子世代に保護してもらうのが当然とされた85歳以上の高齢者でも、どこで誰と住むかが多様化し、特に男性より長寿である女性で、それが著しい。

それに、長生きすればするほど、子世代が親より先に死亡する「逆縁」リスクは高まる。同居する子どもがいたとしても、平均出生児数５人台だった「明治生まれ」世代に比べると、最晩年期に頼る子どもがいないリスクが高まっているのである。

事実、「現代日本の世帯変動――第７回世帯動態調査」（国立社会保障・人口問題研究所、２０１４年）では、要介護の高齢者と子世代の関係が報告されている。

それを見ると、「単独世帯」で「子どもはいない」が14・0％、「他の都道府県」が８・５％、「同じ都道府県」が17・1％。

「夫婦のみ世帯」では、「子どもはいない」が８・３％、「他の都道府県」が22・3％、「同じ都道府県」が21・4％。

つまり、倒れても「同じ市区町村」内までの身近な距離に子どもがおらず、自力で何とか切り抜けざるを得ない要介護高齢者の割合が、「単独世帯」でも、「夫婦のみ世帯」でも、驚

【図3】要介護高齢者（単独世帯、夫婦のみ世帯）における最近居子の居住地

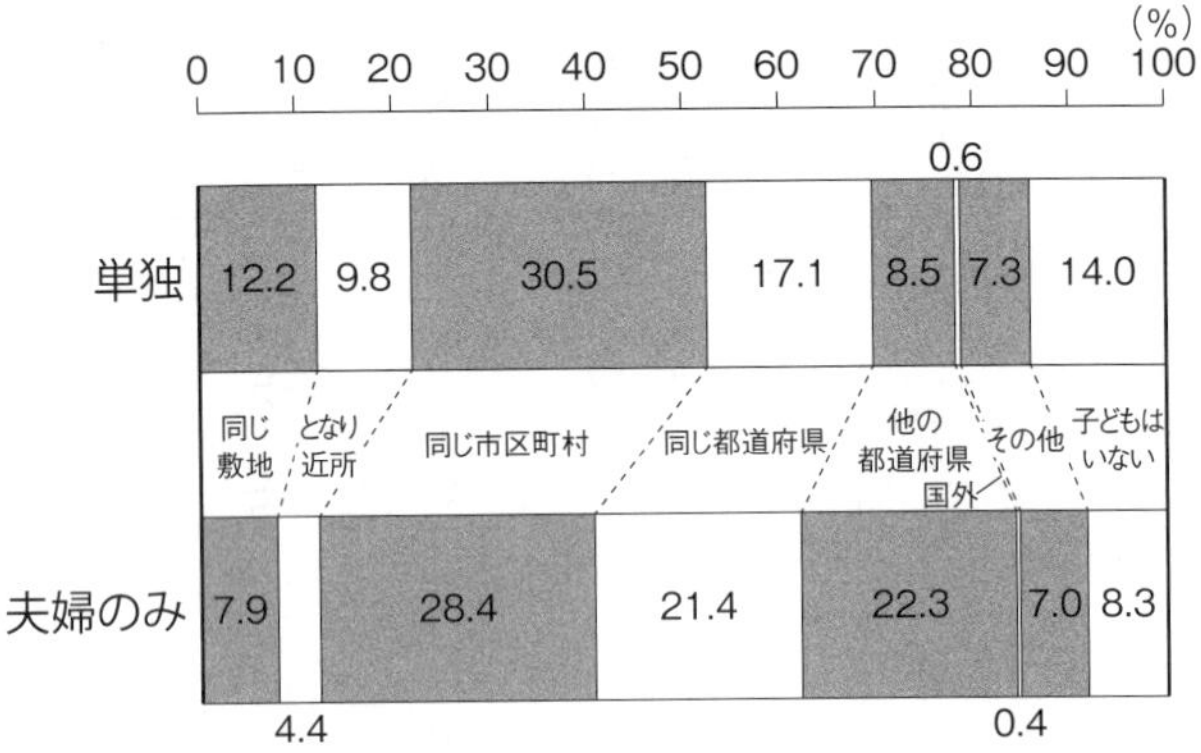

注：「その他」は最近居子の居住地不詳及び別居子の有無不詳の計。

［出典］第7回世帯動態調査 現代日本の世帯変動（国立社会保障・人口問題研究所、2014年）

くほどの高い割合なのである（【図3】）。

加えて、支援者Aが言うように、子世代家族と同居の場合でも、同居家族が関わらないケースも増えている。かつての、同居と親の世話が一体化していた時代に比べ、介護保険制度が定着する中、両者が分離する傾向が強まっているのだ。

そうした家族変化の中、高齢者でその力がある人は、元気な間にできる備えは自分でしておいてほしい。そう望む声が、支援者の中から出始めているのだと思われる。

しかし、高齢者の立場からすれば、「備えをせよ」と言われても、何をすればよいのかがわからない。その必要性を

感じても、前人未踏の長寿化で「お手本」となる生き方がなく、「誰かが何とかしてくれるだろうと何となく思って」「成りゆき任せ」で、土壇場までいってしまう人が増え続けている。

ならば、「元気で力がある間にしておいた方がよい備え」として何が必要か。それを語ることができる人の話を聞いていこう。そう考え直して、80代前半ぐらいまでは「元気高齢者」として生きたが、80代後半以降の長寿期に入り、生活が激変した人、また、高齢者に深く関わった家族・親族などの話も聞いていった。

こうした「高齢者が倒れた時の問題」は、従来、医療・介護・福祉の問題として、もっぱら支援論や介護論の文脈で取り上げられてきた。

しかし、それを高齢者の生き方・暮らし方の問題の文脈に置き換え、余力がある間に学び備えるものとして何が必要かを明らかにするのも、意味のあることかもしれない。そう考え直したのである。

（2）子どもがいる長寿者の「当て外れ」体験と生活リスク

「子どもが何とかしてくれる」を覆す2つの変化

80代後半以上の長寿期が、70代までの高齢期と大きく異なるのは、加齢に伴い心身両面の虚弱化が進み、自分が「歳だと思わない」高齢者本人が考える「元気」と、「脆《もろ》い身体」とのズレ幅が広がり、些細に見える病気や骨折をきっかけに、重症化するリスクが高くなることである。

「笑えない話ですが、うちの地域に、『百歳体操』教室から帰って玄関先で倒れて骨折し、入院後寝たきりになり、今は認知症という91歳のひとり暮らしの女性がおられます」と語る民生委員に会ったことがある。

こうした時、「備え」の有り無しが、長寿者の命運を左右する。それは、頼ることのできる子どもの有無で異なり、また、備えるべき事柄も人それぞれで異なってくる。

そこでまず、子どもがいる長寿者で、何の備えもなかった人が陥る問題を見ることから始めよう。

まず、子どもがいる長寿者の備え意識の薄さの背景にあるのは、薄まってはいるものの「あの子らが何とかするだろう」と、子ども（特に「跡取り」とみなす子）を「当て」にする伝統的家族観である。

だが、親が前提とするこの考えを覆《くつがえ》す2つの変化が、子どもの側に生じている。

1つは、親側は「子どもがみてくれるだろう」と内心当てにしているが、子ども側（特に息子家族）がそれを「あたりまえ」と思わなくなっていることである。

2つ目は、長生きすればするほど、子が親より先に逝く逆縁リスクが高まるが、長寿化が進み長寿の親が増えることで、逆縁の憂き目に遭う人が増えていることである。

そこで1点目の、親と子の家族観の違いが関わる問題から見ていこう。

事例は、支援者Aが「この頃増えている」という、「息子家族は本宅、高齢者は離れに住むが、息子家族が全く関わらず娘が通っている」女性Oさんである。

①倒れた後、同居の息子家族が関わらないOさん（95歳女性）の場合

《Oさんのプロフィール》

Oさんは95歳。１９２３年（大正12年）生まれ。夫は1年前に死去。自分は離れに、本宅に息子（65歳）夫婦が住む。80代後半まで社会活動にも参加し、92歳までは子どもに頼らず家事を担い、所有する貸家の管理もした「元気長寿者」。だが、93歳の時、病気で倒れる。その際、息子が面倒を将来的にも見てくれるものと信じ、自分名義の預金通帳、土地家屋の権利書、実印などいっさいを渡した。しかし、退院後、息子夫婦が関わりを拒否し、同一市内に住む長女（70歳）が通って世話をしながら、介護サービス及び自費負担のヘルパーを利用し、在宅生活を継続。

このOさんの場合も、最初に倒れた93歳の夏、発熱が続いているのに気が付かず、無理をし続けて、重篤な状態になっての入院だった。

Oさん「暑さで食欲がなくてゴロゴロしているうちに動けんようになって。倒れた後、１０

0日ぐらいは字も読めんし、人が言うこともようわからんようになり、その後、目も見えず、耳も聞こえんようになって、大馬鹿になりました」

その後、病状が軽快し、いざ退院という時に、長女から「今の時代は施設に入らないで、在宅で暮らすこともできるよ。母さんはどっちがいい?」と聞かれたOさんが、在宅を望んだことで、本宅に住む「跡取り」息子家族との間に亀裂が生じた。

経済的に余裕があるOさんが、介護保険サービス利用料の超過分を自費負担してでも自宅で暮らしたいと望んだのに対し、息子夫婦が反対したのである。

その間の事情を、長女が言う。

長女　「『母さんが自宅で暮らしたいと言っているから、そうしよう』と弟に言ったら、『家に帰るなんてあり得ない、金もあるんだから施設だろう』って。弱った母の世話なんて鬱陶《うっとう》しいと感じているのがありありで。どうも息子というのは逃げ腰で、『施設に入ればいいのに』という感じでね」

そういう経過で、結局は、息子が管理するOさんの通帳からヘルパーなどへの介護サービス利用料を支払い、娘が週2回通う形での在宅生活となった。

その中でOさんが陥ったのは、自分の自由になるお金がいっさい無いことによる不自由と、息子（とりわけ息子の妻）への不満をかこつ日々だった。

長女「ヘルパーさんらへの支払いは、お金を管理する弟がすることになったんですが、母と相性の悪いヘルパーさんが辞めたりすると、弟が『あんたが悪い』と母を責めるんです。怒られると母はシュンとして、そのショックからなかなか立ち直れない。それに母は、通ってくる私が不憫《ふびん》で、私に小遣いを渡したい。でもそれができない。力関係というか、自分のお金なのに自分のお金でないという面があって、『情けない、情けない』と嘆いて」

Oさん「まあ、2人とも離れを覗《のぞ》こうともしない。お金も、私たち夫婦が貯めたお金で、息子の腹は痛まないのだから、不自由しないくらい渡して（くれて）もいいのに。息子らからすれば、私がいることで、余計な金を吐き出している気がするんじゃないかと思うんです。昔は優しい子だったのに、こんなになるなんて……」

親にとっての「当然」と、息子の言い分

戦前に育ち、結婚後は長男の嫁としての人生を送ったOさんにとって、倒れた後の身の振り方を息子に委ねることは、自明の家族観として根付いていた。だから、倒れた時どうするかについて、長男夫婦や長女と相談したり、医療に関する情報、医療制度や福祉・介護保険制度に関心を持つことなどもなかった。息子が最も適切な対応をしてくれると、根拠もなく信じていたからだ。

しかし、息子の側から言えば、親が施設入所することが最善の解決策となる。施設なら、妻の手を煩《わずら》わせることなく、金銭の支払いだけで、息子としての義務が果たせる。

しかし、在宅生活が続くとなると、不慣れな介護サービスのコーディネイト、ヘルパーなど支援者との交渉、日々の見守り役などを妻に依頼せねばならない。その引き受けを妻が躊躇《ちゅうちょ》すれば、無理強《じ》いはできない。なぜなら、配偶者は息子にとって「妻」であって、「嫁」ではないからだ。

一方、財産という面では、通帳や権利書、実印を引き継げば、その時点から、所有権者は親ではなく自分で、それをどう使うかは自分の裁量で、文句を言われる筋合いはない。息子

の跡継ぎ意識とはそういうものである。しかし、そうした振る舞いが、親や女きょうだいからは「優しくない」とみなされ、きょうだい間の葛藤と親の嘆きを深めていく。それがこうした事例に見られる特徴である。

ところで、伝統的家族観を自明とする長寿者が陥る苦境には、同居の場合に多く見られるこうした苦境だけではなく、特に長寿期の親だからこそのものがある。それは「逆縁」の憂き目に遭うことである。

「元気長寿者」の話を聞く仕事を始める前、長寿期が、親より子どもの方が先に逝く「逆縁」リスクが高まる人生ステージである事実に、私は思い至らなかった。しかし、話を聞き進めるうち、1人ならず、数人の「逆縁」体験者と出会った。

第1章で登場したAさん。彼女は86歳時、50歳の娘を病気で失い、予想もしなかった娘の夫との2人暮らしになった。

また、三男の妻と住む100歳の女性は、3人の息子のうち、三男を94歳時、さらに次男を97歳時に失い、今、長男（79歳）が重篤な病の床にあり、会うこともままならないという。

そして、そうした話を聞く中で、子どもに人生の最終ステージを委ねるつもりだった人にとって、それ（逆縁）がいかに深刻な苦境をもたらすかという事実に、改めて気付かされたのだ。

このことを、88歳までは「元気長寿者」だったが、息子の死を境に、想定外の暮らしになったというＰさんの例から見ていこう。

②帰郷を待ちわびた息子が逝き、想定外の人生になったPさん（98歳）

《Ｐさんのプロフィール》

98歳。夫はＰさんが68歳の時に死去、その後ひとり暮らし。88歳までは、世話好きで友人も多く、２人の娘たちの子育て（Ｐさんにとっては孫育て）の支援や、地域の世話役をして生き生きと暮らす「元気長寿者」だった。長女は隣の市、次女（61歳）が同一市内に居住。しかし88歳の時に、定年退職後、帰郷し同居する予定だった長男が死去。その悲嘆の中で、認知症を発症し、次女と同居を開始。

Ｐさんが倒れた後、同居し面倒をみてきた次女は、母親の88歳からの長寿期10年間の苦境を次のように語る。

次女　「母は兄が定年後、嫁とともに郷里に帰り同居し、家の継承と墓の守り、老後の介護、死後のことを託したいと願い続けていました。しかし、88歳の時、その兄が病死し、それがショックで認知症が始まり一気に進行しました。

その後、私の家に引き取りましたが、嫁に出した娘の世話にはなれないと、いつも私の夫に気を遣っていました。ほぼ10年間家でみてきましたが、今年初めにインフルエンザに罹《かか》り、その後、肺炎で入院し、加えてたびたびの緑内障発作で視力をほぼ失い、在宅介護が困難になり、ひと月半の入院、そこを退院後は、介護老人保健施設に3カ月、老健退所後は、やっと見つけた介護付き有料老人ホームでお世話になっています。

入院中から続く夜間不眠と異常なほどに頻回の尿意を訴え、それも目が見えないので大声で叫ぶため、施設側が悲鳴をあげ、精神病薬を処方され、副作用で母の人格がどんどん壊れていくのを目の当たりにして、とてもつらい毎日です。病院も、医療費より個室料や昼間の付き添い料で何十万もかかり、施設も月に二十数万円かかります。

母の年金では到底まかなえず、母の預金をどんどん崩しています」

息子を失った悲嘆、心ならずも世話になることになった娘の夫に対する気兼ねのある暮らし、次々に襲う病魔、こうした幾重にも重なる苦境が、息子亡き後のPさんの暮らしとなった。

Pさんは、息子の訃報を聞くまでは、自分がこのような境遇になるなんて夢にも思わなかったに違いない。それはPさんの次女も同じである。彼女は、「兄が死去し、母が病に倒れるまでは、自分に親の介護をする暮らしが待っているなんて、夢にも思いませんでした」と言う。

「ドタリ」の後で窮地に陥らないための備えは

ここまで、何の備えもなかった2人の長寿者、Oさん、Pさんの苦境を見てきた。こうした苦境は、親に経済力がなく、介護保険もなかったかつての時代なら、年寄りの運命として受け入れるしかない面があった。

しかし、この2人は、経済的に恵まれ、今は介護保険もある。倒れるまでは自他ともに認める「元気長寿者」だったのに、なぜ、2人はこのような窮地に陥ったのだろうか。そこに陥らないための備えとして、何が必要だったのだろうか。

まず、2人に必要だったのは、元気なうちから、自分が倒れた時、どこで誰の手助けを受けて暮らしたいかについて考え、自分の意向を固めておくことであった。子どもに人生の最終ステージの身の振り方を丸投げし、その「当てが外れた」場合、長寿期の脆い身体と心が受けるダメージは大きく、痛手はさらに深まる。

次に必要なのは、子どもがいる場合、親の気持ちをわかってくれているだろうと忖度《そんたく》し、期待しないことである。親と子どもは住む世界も異なり、価値観も異なっている。何より、戦後の新しい家族観を身につけた子ども世代とは、親子観、夫婦観が異なっている。だから、子どもが数人いる場合は、喜寿や傘寿などの人生の節目や、盆・正月などの皆が集う場で、自分の意向を伝えておくことである。あらかじめ親の意見を皆が聞いておくことで、Oさんの例のような、きょうだい間の葛藤を減らすことができるかもしれない。

そうした親側の備えとともに、親の長寿期10年を支えてきたPさんの次女は、自分が備えておけばよかったこととして、次のようなことを挙げる。

次女

「私が準備不足だったと強く思うのは、母の認知症がひどくならないうちに、聞きにくいけど、家でみられなくなった時にどうしたいか、どんな施設で過ごしたいかを母とともに考え、具体的に見学し、費用も知っておくべきだったこと。

病院に入院中の、医療費以外の個室代や付き添い費用がどれだけかかるかを知らなかったこと。

総合病院を退院後、すぐに家に帰れない時に、どういう病院や施設が利用できるのか、費用はどれだけかかるのか、どんなサービスを受けられるか、いつまでいられるのかなどを知らなかったこと。

病院や施設の相談員も、母に最適な施設を具体的に提案したり、空いた所を探してくれるわけではないこと（も知らなかった）。高齢の親がいる場合、家族自身がこうしたことについて、しっかり考えておくべきだったということです」

彼女の場合、認知症の周辺症状を理由に、母親に個室や付き添いが要求され、高額の出費が必要だったこと、また、施設で暮らす母親がおかれる過酷な現実を目の当たりにしたことから、病院や介護施設の現状や制度について、常日頃から学び、情報収集していなかったことを悔やんでいた。

(3) ひとり暮らしの「元気長寿者」が倒れた時

元気なうちにしておくべきこと――支援者、後見人を見つけておく

Oさん、Pさんの場合、頼るつもりだった子どもの当てが外れたとしても、他の子どもが面倒をみてくれた。

しかし、そもそも頼る子どもがいないか、いても頼れない人が増えているのが、大正期後半以降生まれの長寿者世代である。

子どもがいない、いたが死去した、子どもはいるが、外国や遠方に住んでおり頼れない、子どもとは長年、疎遠な関係で生きてきた、生涯シングルだった……などなど。

こうした人たちの場合、頼りになる子どもがいる人とは異なる、別の備えが必要になる。

【図4】年齢階級別の推定認知症有病率

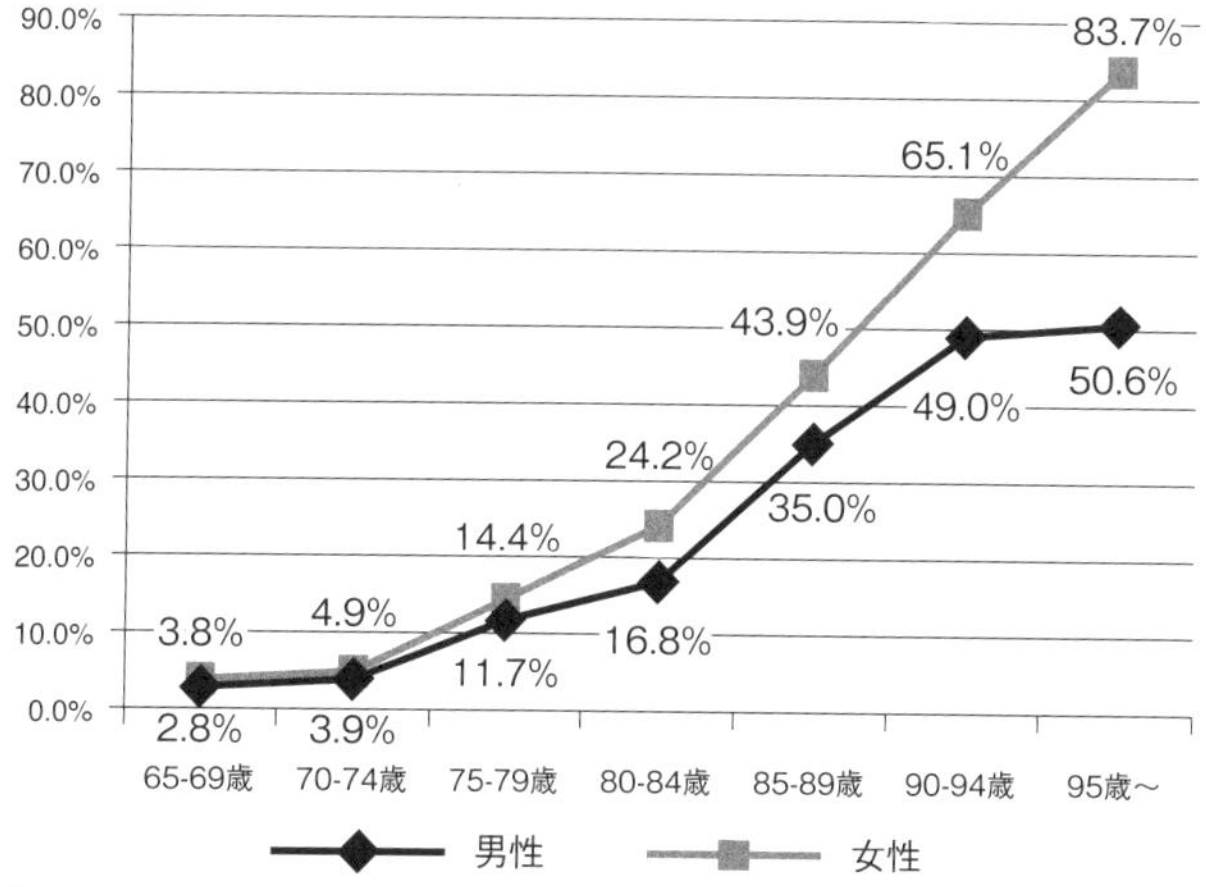

［出典］朝田隆ほか『都市部における認知症有病率と認知症の生活機能障害への対応 平成23年度～平成24年度総合研究報告書』（厚生労働科学研究費補助金認知症対策総合研究事業）

たとえば、本章冒頭の支援者Cさんが言う、「主人に先立たれ、子どももなく、身元保証人なし」の91歳の独居女性の場合は、Cさんという支援者とすでにつながっていたから、身元保証人確保のために「急遽ＮＰＯを頼む」という緊急対応が可能となっている。

ひとり暮らしで自分の暮らしぶりを知る人が身近にいない人の場合、問題を発見し、支援者を呼び込み、医療機関や介護サービス機関につなぎ、その後の手助けをしてくれる人をどういう形で確保しておくかの備えが重要となる。特にそれは、本人自身が「自分は元気、まだやれている」と思う中で、ひそかに進む認知症の発症に伴う生活リスクを最小限にするために必要な備えである。

認知症有病率は、80～84歳で、男性16・8％、女性24・2％。それが80代後半では、男性35・0％、女性43・9％と倍近くに上昇し、90代前半では男性49％、女性65・1％、95歳以上では男性50・6％、女性83・7％と、加齢とともに急上昇する。

特に、男性に比べて女性の認知症有病率は高く、長寿化が進む現代、誰もが認知症に対する備えが必要な時代になっている（【図4】）。

高齢者支援現場の勉強会で、次のように語る保健師がいた。


「私が2006年に関わったひとり暮らし女性で、当時70代前半、現在は84歳の人が、数年前から認知症が進んでいたみたいで。施設入所の手続きが必要になり、成年後見の市長申立てケースで最近上がってきたんです。当時は元気で、革細工の先生で、経済力もあって、結婚しないでこんな生き方もあるのねと思うくらい。

その頃、『私は天涯孤独で結婚してないし、子どももいない。頼りは従姉妹の子だけ』という話をしてはおられたんだけど、最後の準備というか、自分が認知症になるなんて考えておられなかった。『あれだけ活動的な人だったから、元気な間に任意後見人でも指定しておかれたらよかったのにねえ』と私たち支援者同士で話しました。『今はそんな時代になったんだねえ』と」

保健師が言うように、頼るべき親族がいない高齢者の権利擁護のため、成年後見の申立てを市町村長が行う件数が、申立て総数中に占める割合は、制度が始まった頃の2006年度の3・1%から、2017年には19・8%と6倍以上に増えている。本人や親族からの後見開始の審判の申立てが期待できない人が増え続けているのだ（「成年後見関係事件の概況」最高裁判所事務総局家庭局、2018年）。

そして、私が話を聞いた中にも、この保健師の話を彷彿《ほうふつ》とさせる人がいた。99歳の母親と暮らす女性Qさんの話を聞く中で、たまたまQさんが「この10年間、母と同時にもう一人、身寄りのない叔母の面倒をみてきた」と語ったため、日を改めてもう一度Qさんに話を聞きに行った、今年95歳で死去したQさんの叔母Rさんの人生である。

認知症で生活崩壊状態になっていたひとり暮らしRさん（95歳女性）の場合

《Rさんのプロフィール》

１９２３年（大正12年）生まれ。公務員を定年退職後、70代半ばにひとり娘、夫を相次いで失い、ひとり暮らしとなった。その後、認知症の診断が下るまでの10年間は、趣味や地域活動、海外旅行などを楽しむ元気高齢者。しかし、85歳時、認知症を疑う近所の人の手助けで入院し、亡夫の兄の娘（姪）Qさんに連絡がいき、Qさんが後見人に。その後、今年95歳で死去するまでの10年間を、有料ケア付き高齢者施設で過ごす。

Rさんは兄弟姉妹もおらず、逆縁で逝った娘もシングルだったため、身近に見守る人が誰もいない暮らしだった。そんな境遇のRさんが、元気な間に何もせず、認知症になってしまった時のために備えていなかったことが、Rさんの陥った危機を幾重にも深くしていた。

まず、認知症の診断にたどりつけたこと自体、認知症を疑った近所の人が、他の病名にかこつけて入院させるという手助けなしにはあり得なかった。

次に、認知症の診断が下る数年前から、生活崩壊が進み、健康食品、リフォーム工事、寝具、宝石などどの悪質商法による、驚くほどの高額被害を受け続けていた。さらに、後見人として最後の10年間深く関わってくれたQさんに、「私が後見人でよかったのか。本当は別の人を望んでいたのじゃないか」と言わせる形で、Qさんを自分の人生に巻き込んでしまった。

こうした事実から、身近に見守り手がいない高齢者の場合、万が一の「認知症になる場合を想定した備え」がいかに必要かを痛感させられたのである。

Rさんが陥った危機について、関わった姪、Qさんの話から見ていこう。

まず、認知症になる前のRさんは、典型的な元気長寿者の暮らしだった。

Qさん「叔母は、定年後は、地域の世話役やボランティアを長く（していた）。すごくフレンドリーな人だから、地域のお世話もしていたみたい。手芸教室に通って、友だちも多いので一緒に遊びに出かけて、八十八カ所巡りをしたり、旅行もして、海外にもあちこち行ったり」

しかし、こうした暮らしが続く中で、ひそかに認知症に伴う様々な生活問題が生じていたのだが、その問題が顕在化し、生活が大きく変わったのが、85歳の入院からである。しかも、その入院は、Rさん自身の意思によるものではなく、近所の人の計らいによるものだった。

Qさんは言う。

Qさん「ある日私に、突然、『入院させましょうか』という連絡ではなくって、『入院させました』という連絡があってね。近所の人、美容院の方とお寺さんが緊急対応してくれたんです。糖尿病を口実に、病院に押し込んでくれた。でも、ご近所さんが本当に心配していたのは、認知症がひどいのではないかという心配。火事を出したら怖いというのがご近所さんにはあるじゃないですか」

そういう経緯で、姪として連絡を受け、病院に駆けつけたその日、「帰りに、家の戸締まりと、冷蔵庫の生ものの片付けをしておいてね」と依頼されたQさんが目撃したのは、「凄《すご》い!」と言うしかないRさんの暮らしの惨状だった。

Qさん「行って見たら、冷蔵庫の中は、新旧取り混ぜて食べ物がギッシリ。冷凍庫は引っ張っても開かない、中で凍り付いていてね。仕方がないので電源を切って溶かして、ゴミ袋に入れて。買ったのを忘れて、次々買って入れてるんです。

それに、冷蔵庫だけではなく、スーパーで売っている袋菓子、飴とかスナック菓子とか、それが大きな座布団が入るくらいの段ボール箱にいっぱい入っていて。賞味期限をはるかに過ぎていたのがね、もう、凄かったです。あまりのゴミの量に、処理業者さんを呼んで引き取ってもらったんだけど」

しかし、そうした状況だったにもかかわらず、Rさんに病識はなく、１回目の入院時は「もう大丈夫」と一人でさっさと退院し、ひとり暮らし生活に戻った。その後、「もう無理」と、事態を受け入れることができたのは、退院後十分な食事が摂れず、処方された薬をきちんと服用できない中で、再度倒れてからだという。

Qさん「退院後、一人では十分食べていないかもしれないと思って、家に行って夕ご飯を一緒に食べた後、お薬を飲んだら、朦朧《もうろう》として意識を失って。医師によると、あまり食べていないのに強い薬だったので、低血糖を引き起こしたとのこと。私がさっさと帰宅してたら、一人で倒れていたという状態、それが退院後の10日目ぐらい。それまではまだ大丈夫と思っていたと思う。

本人がいよいよアウトと思ったのは、たぶん、倒れた後『入院させて』と言った時。退院後、自分で十分食べることができないで、ひもじい思いをして体力が落ちてきて、やっとそう思ったみたい。

だから、周囲が『もうこれは一人では置いとけない』と思うのと、本人が思うのには大きなズレがありますね。自分は一人でやれていると思っているし、人が思うほど歳だと思っていないんだから」

宗教団体や悪質業者からの金銭搾取

加えて、もうひとつの深刻な状況は、「自分は一人でやれている」「人が思うほど歳ではない」というRさんの思いにつけ込み乗じる形で、入院する数年前から、宗教団体や数社に及ぶ悪質商法業者からの金銭搾取を受け続けていたことである。

退院後のケア施設入所の手続きには後見人が必要ということで、その申請に必要な財産目録作成のために、共済の年金証書などの必要書類をＲさん宅で探すうちに、次々と高額領収書が出てきたのだという。

Ｑさん「ふたを開けてびっくりしたのは、健康食品がらみだと思うけど、宗教団体に誘われて、飲んでいない薬が大量に出てきて。お金もかなり持っていかれたみたいで、教祖の名前がある賞状が出てきて。少額なら賞状は貰えないでしょ。それに印鑑、すごく高いやつで、結局、30万円払いました。

叔父が亡くなった当時、相続税の基礎控除額が５０００万円だったと思うんですが、それ以上あったお金がほとんどなくなって、残っていた金目のものは、年金通帳だけ。宗教以外にも、建築業者にもカモにされていたし。敷物や宝石も相当な額。他にも、着物とかバッグとかにも８カ月ぐらいで２００万円使っていた」

見せられた領収書の枚数の多さ、そしてその一枚一枚がかなりの高額であることに私は驚いたが、さらに驚いたのは、業者が全国規模のものではなく、Ｒさんと同一市内（人口10万人規模）と隣市の業者だったことである。

宝石、着物類など、いろいろあったが、リフォーム工事と家具関係の業者のもののみ、内訳を挙げてみよう。

【家屋リフォーム業者】
支払い総額：227万2000円
（1）同一市内建築業者……2006年10月、土間工事代：7万2000円
（2）隣市の建築関係業者（同一業者）……①2007年1月、サッシ塗装代金：18万円
②同年4月、板金塗装代金：20万円
③同年4月、増築工事一式代金：68万円
④同年5月、瓦ふき替え：114万円

【家具・寝具・リフォーム等業者（同一市内同一業者）】
支払い総額：163万3400円……①2006年7月：60万円
②同年7月：32万3180円
③同年9月：5万5200円

④同年12月：35万円
⑤２００７年１月：１万２０００円
⑥同年５月：１万円
⑦同年５月：９万３８００円
⑧同年８月：15万円
⑨同年12月：２万６０００円
⑩２００８年１月：１万１１６０円

領収書の日付を見ると、２００６〜２００７年に集中的に業者が出入りしている。Rさんが入院したのが２００８年５月だから、その２年ほど前に、すでにRさんの認知症は金銭管理ができないレベルに進んでいたものと思われる。

さらに、紹介した領収書分だけでも、短期間に合計４００万円近い額で、しかも隣市の業者のものには、但《ただ》し書きに提供商品名が記載されているが、家具・寝具・リフォーム等業者の場合、但し書き欄には何の記載もなく、購入商品が何なのか、確実に届けられたのかも不明なのである。

人口規模10万人ほどの都市であれば、互いに顔見知りで、悪質な商取引などないだろうと考えがちだが、すでに日本はそういう社会ではなくなっているようだ。

自分が世話をしてよかったのかという思い

ところで、Rさんが陥ったこうした苦境も大変なものだが、それに劣らず大変だったろうと思ったのが、10年もの間、Rさんに良心的に関わり続けたQさんの苦労と、その報われなさだった。

QさんとRさんの関係を、これまで姪と叔母としてきたが、実は両者の間には血縁関係はない。Qさんの亡父とRさんの亡夫が兄弟同士で、QさんにはRさんの相続権もない。しかし、Qさんは「ご近所さん」からの連絡に、「私が動かなければ大変なことになる」という思いで駆けつけ、Rさんには「頼るべき身内がいないと思って」後見人にもなった。

だが、Rさんが施設に入所してしばらくたった頃、戸籍上の関係はないが、彼女と心情的には濃い間柄の人がいることを知らされ、「後で考えると、叔母はこの人たちにみてほしかったんだろうな」と、自分がとった行動に確信を持つことができないQさんがいたのである。

Ｑさん「自分の親がどんな親戚付き合いをしているかなど、同居であれば知っているでしょうが、別居の場合、知らないことがありますよね。だから、みなきゃいけないなんて思ってもいない叔母さんが、どんな親戚付き合いをしているかなんて関心がないし、何も知らない。

それに、母親の血縁関係や、父親の直接の妹なら、親の口から先方の事情をもう少し聞いていたかもしれません。でも、父親は、自分の弟の奥さんの親戚付き合いなどわざわざ話題にしませんよね、男兄弟の場合はね。それに、私の父は早く亡くなっているし。だから、叔母に血縁関係はないけれど、親しい関係者があると後で知って、『あーあ』と思いましたよ」

たしかに、親族関係が稀薄化した現代、年少期に死去した父親の弟の配偶者が、日頃どんな人付き合いをしているかなど知っている人は稀だろう。まして長寿者の場合、それは甥・姪などの下の世代との関係であることも多く、直接の交流関係がない場合がほとんどだろう。

そのうえ、Ｒさんが親しくしていた関係者というのは、戸籍にも記載されず、血縁関係もない義理の間柄の人だったという。

だから、自分が味わった苦い経験から、Rさんに備えておいてほしかったこととして、Qさんは次のようなことを挙げた。

Qさん「はっきりさせておいてほしかったのは、元気でまだボケていない間に、自分の意思を明確に表明しておいてほしかった。そういう親しい人がいるのなら、何かの機会に、私とその人が同席する場で、『私は一人だ。ついては、私がやっていけなくなった時は〇〇にみてもらいたい。その代わり、財産も〇〇の方にいくようにするから』と話しておくか、一番いいのは、走り書きでもいいから文書にきちんと残しておいてほしかった。三者の合意の下でというのが、絶対ほしかった。それがあれば、後が動きやすかったと思う。その時、ご近所さんに立ち会ってもらってもいいし。ご近所さんには『連絡する時はここに一番にしてね』とか頼んでおいてほしかった」

こうした備えの必要性は、Rさんの場合のみでなく、親子関係以外の間柄ならば、全ての人に求められる必要な備えといってよいだろう。

「倒れた後の暮らし」に対する備え

ところで、経済的にも余裕があり、元気な頃は活動的で、人間関係を作る力もあったRさんは、晩年期の備えとして、何をしていたのだろうか。

春日「叔母さん自身は、倒れた時のために何か意思表示をしておられましたか？」

Ｑさん「何にもない。多分、死ぬ気がないはずだから。元気で動ける時に認知症になって、その後身体が弱って、という形の入所だから」

春日「では、叔母さんが準備されていたことって何ですか？」

Ｑさん「葬式の業者との契約だけ、それだけ。せめて娘と旦那の永代供養分のお金ぐらいはお寺に渡しておいてほしかったなあと思いますが」

Rさんがしていたのは「葬式業者との契約だけ」。こうした備えしかしていない人は、Rさんのみならず、現在の高齢者ではよく聞く話である。

こうしたRさんの事例から浮き彫りになる、現代のひとり暮らしの高齢者にとって必要な備えとは、次のようなものである。

すなわち、何より必要なのは、葬式にたどり着く前の、「倒れた後の暮らし」に対する備えである。

具体的にいうと、

・いざ倒れた時、誰に発見してもらうか。
・発見された後、誰につないでもらうか。
・自力で暮らせない時、誰に自分を守り支えてもらうか。
・その時、自分は何処《どこ》で暮らしたいのか。
・施設を希望するのであれば、どんな施設か。

倒れた直後に限っても、こうした問題の解決に迫られ、これらへの備えがあれば、大きく予後が異なってくる。

さらに、それ以外にも、そうした事態があることを予測し、必要とされる人間関係を意識的に作り、頼る人がいない場合には、成年後見制度や身元保証業者やＮＰＯに関する情報を収集し、詐欺や悪質業者の餌食《えじき》にならないための学習や、そして何より「認知症なんかに自分はならない」と、認知症に関する学習を拒否するのではなく、大きく変化している新しい認知症理解に関して学び、その他にも、福祉・医療・介護の制度やその実情について学ぶといった備えが必要となる。

それは現代の高齢者全てに求められる備えといってよいだろう。

（４）元気長寿者の「歳には勝てない」脆さを支える家族力

「元気長寿者」の裏に、同居の娘の支え

ところで、Ｑさんは、後見人として叔母のＲさんを支える一方で、99歳になる同居の母親（Ｓさん）を支え続けていた。義理の姉妹関係にあるＳさんとＲさんの人生は、80代半ばまでは共通点が多く、ともに公務員として定年退職まで働き、その後は、社会活動、趣味、旅行などを意欲的に楽しむ「元気高齢者」だった。

だが、85歳以降、２人の人生は大きく分かれ、Ｒさんは前述のような人生に、一方、Ｓさ

んは、91歳時に病気で倒れて活動を中断した時期があったものの、96歳時まで刺繍《ししゅう》教室の講師をし、「元気長寿者」として暮らし続けた。

Sさんの90歳以降の「元気長寿者」ぶりについて、Qさんは、次のように言う。

Qさん「母は長年、刺繍教室を主催し、講師として90歳の春までは展示会も開き、いい作品を作っていました。でも、90歳の夏、暑さで体調を壊し、ガタガタッと落ちて、歩くのもままならない状態に。とはいえその半年後から、デイサービスに通ってドンドンよくなり、要介護3から、一時期は要支援2になりました。

その1年後頃、少し元気になって、今度は自宅で教え始めました。それを辞めたのが96歳。皆さんから『元気ですねえ、しっかりしておられますねえ』と言われ続けました」

しかし、このように世間的には「元気長寿者」で通るSさんの暮らしは、同居するQさんという娘なしにはあり得なかったと思われる。

まず、90歳の夏に倒れた時点で、Qさんがそれに気づき、適切に医師につないだこと、そしてその後の手厚い介護なしには、回復は困難で、Sさんがもしひとり暮らしだったら、Rさんと同様、施設暮らしになったかもしれない。

しかも、Sさんの元気のもとである刺繍講師を96歳まで続けることができたのも、裏で支えるQさんがいたからという面がある。

春日「お母さんと同居してきて、お母さん一人でこの間、暮らせたと思いますか」

Qさん「やあ、それは無理！　無理！　無理！　絶対無理ですね」

春日「何が無理でしたか。90歳半ば過ぎても自宅で教える力もあったんだし」

Qさん「まず、何がこぼれ落ちたかというと、時間の感覚。それが94歳ぐらいから曜日がわからなくなって。ひと眠りして起きると、日にちが変わったりして。だから私がメモ帳代わりになって。それに、（刺繍教室で）母が教えやすいように教材を準備したり。私が助手役をしてましたから。料理も、もちろん買い物なんか行けない」

Qさんの話から浮かび上がるのは、周囲からは「元気長寿者」と言われ続けたSさんが、実質それを自力のみで維持可能だったのは、90歳の春までだったということだ。

伝統的家族観による長寿者の下支えは、今後は期待できない

そうした視点で見ると、同居、もしくは近居の子どもが「元気長寿者」の暮らしを下支えしていたのは、第1章で見たAさん、Bさん、Cさん夫婦の場合も同様だった。

Aさんの場合、娘婿は家事手伝いなどはしていないものの、倒れた時の見守り役や、足が不自由なAさんのために買い物や外出の際の送迎役、何より、悪質業者などの出入りを阻むゲートキーパーの役割は果たしていた。

さらに、Bさん夫婦、Cさん夫婦の場合も、入院時や通院時、必要があれば近所に住む娘が同行し、医師との仲介役も果たし、困ったことが生じればすぐに駆けつけて問題処理をしてくれる関係にあった。

こう見ると、この人たちも、周囲からは「元気長寿者」と評価され、本人も「歳とったと思わない」暮らしが成り立つ背後には、長寿期の脆さがもたらす暮らしの不足分を補い、下支えし、いざという時には矢面《やおもて》に立ち守ってくれる、子どもや親族、知り合いなどが、多くの場合、存在するのである。

それは「ご長寿本」の著者たちも同様で、前出の瀬戸内寂聴さんの場合は、著作や講演活

動の手助けのみならず、家事を担い、外出の際は車椅子を押してくれる住み込みの秘書さんがおり、また橋田壽賀子さんの場合は、「お庭の手入れをやってもらう男の人のほか、女性が毎日四人から五人」を雇っているといい、一般庶民なら家族に期待する「ヨロヨロ期」の手助けを、経済力でまかなうことができている（『安楽死で死なせて下さい』120頁）。

ところで、インタビュー時、同席した母親Sさんに、「娘さんがいてくれてよかったですね。時には『ありがとう』と言われますか」と聞いてみた。すると、「ないですねぇ。居《お》ってあたりまえぐらいに思っていますから」と返ってきた。Qさんも、「最後どうしたいかを母親に聞いても無理。もう、意思決定は世話する側の権利だと思って、いろいろ確認するのはあきらめています」と、母親が自分の意向を持ち、何らかの備えをすることなどあきらめていた。

そして、こうした伝統的家族観を長寿者世代が根強く持つことが、頼りになる子どもや家族がいる場合はもちろん、そうした人がいないひとり暮らしの場合でも、関係者と自分の近い未来についてきちんと話し合うこともなく「誰かがどうにかしてくれるだろう」と丸投げするか、「成りゆき任せ」の無防備な生き方につながっているのだと思われる。

しかし、すでに見てきたように、頼る家族を持たない人は増え続け、家族がいても「当て外れ」が生じる方向に家族は大きく変化し、自分が予想だにしなかった境遇に陥る長寿者が増えているのが現実であり、今後、そうした人がさらに増え続けることは確実である。

だとすれば、比較的短期間に備えることが可能な、「相続」「墓」「生前整理」「終末医療の是非」などの「終活」も大事だが、高齢期のより早い時期から、自分自身の未来の尊厳ある暮らしを多少なりとも確保するための「老い支度」をどういう形でするかが、大きな課題となっているのが現代の高齢者だといってよいだろう。

第4章　昭和期生まれ高齢者と「歳をとる」ということ

(1) アクティブに生きる昭和期生まれと、倒れた時の身の振り方

ある昭和期世代、アクティブ高齢者たちの会話

春日　「子どもの世話にはならないと言う方がおられますが、皆さんどうですか」
Tさん「私は世話になりたくない」
Uさん「私もなりたくない」

Vさん「僕は子どもにも誰の世話にもなりたくない。在宅で過ごし、死ぬ3日前ぐらいに病院に担《かつ》ぎこまれるのが一番いい」

春日「で、3人とも子どもの世話にはならないと言われるんですが、世話にならないと言う時の具体的な内容は何ですか」

Tさん、Uさん「お金ですね。それに息子の嫁さんの世話にはなりたくない」

春日「じゃあ、介護が必要になったら、施設か病院が希望なんですか？」

Tさん、Uさん「そうです」

春日「なら、住宅型有料老人ホームと、介護付き有料老人ホームの違いを知ってますか。それに最近増えているサービス付き高齢者向け住宅との違いなんかは？」

Tさん、Uさん「知らない。どういう風に違うんですか」

春日「でも、さっき子どもの世話にはならないと言われたでしょ。子どもの世話にならないのなら、この施設がいい、この施設に入ると誰が決めるんですか」

Uさん「それは子どもに頼ると思う。私ではよくわからないから」

Tさん「私は施設見学をしてみようと思ってるんだけど、まだ行けてない」

春日「Vさんは最期まで在宅と言われましたが、かかりつけ医は決まってますか」

Ｖさん「かかりつけ医って何ですか。自分は病気知らずでこの歳まで生きてきて、病院にもかかってこなかったんで、そんな人はいません」

春日「でも、在宅なら、かかりつけ医や訪問看護師さんとかのチームに支えてもらう形になるでしょう。だったら、早めに決めておかないと」

Ｖさん「自分は人間じゃなくて、ロボットに世話してもらえんかなと思っている。ロボットが介護してくれるというのはないんですかねえ」

Ｔさん、Ｕさん、Ｖさんはともに83歳。Ｔさん、Ｕさんは女性、Ｖさんは男性。３人とも高齢者が多い文化センターの受講生で、いずれも地域のリーダー的存在。趣味も多彩で、忙しい日々を過ごす人たちである。

死が隣りに控える90歳以上の長寿者ともなれば、自分が倒れた時の身の振り方を考えている人が多いだろう。そう思って「元気長寿者」の話を聞いてきた。

しかし、わかったのは、90歳を超え100歳になるからといって、人は「自分の歳」を実感するわけでもなく、倒れた時の身の振り方を考えるわけでもない。まして、「子どもがみてあたりまえ」という考えなら、なおさら。そういう事実だった。

ならば、90代より下の世代、中でも地域活動や趣味活動に意欲的に取り組み、文化センターや生涯学習の場で学ぶ昭和期生まれの高齢者ならどうだろうか。

この世代は日本が経済的に豊かになっていく時代に、「子ども中心＝教育中心＝夫婦中心」の「核家族」を作り、濃い親戚付き合いから距離を置く、個人主義的な生き方が可能になった世代である。

加えて、この世代が高齢者になった今、成人した子世代と作る関係は、上の世代のそれと大きく変化し、シングルの子と同居する人も増え、また、結婚した子どもがいても、別居であれば、夫の実家重視から妻の実家重視の関係が強まり、子どもを介護力として当てにできない高齢者が増えている。

そんな中、最晩年期の身の振り方を自分で決め、それを可能にする取り組みをしている人が増えているのではないか。そう思い直し、昭和期生まれ、中でもアクティブに生きる高齢者の話を聞いていくことにした。

冒頭で挙げたのは、そうした人たちとの会話である。ここでの会話は非常に興味深い。

3人に共通するのは、「子どもの世話にならない」と、上の世代の「元気長寿者」と一見異なるかに見える身の振り方の希望である。しかし、それを現実化する手立てや、意思決定は、自分でなく子どもに託すと言う。在宅死を希望しても、「ロボットに世話してほしい」という現実離れした考えでは、「金」の面では大丈夫でも、最終的な身の振り方は他の誰かに委ねざるを得ないだろう。

それは、「子どもの世話にならない」と言いながら、結局は「子どもに丸投げする」生き方に他ならない。あらかじめ自分で考え、それに向けた取り組みと備えがなければ、いざ倒れた時には判断力を失い、手遅れということが多いのだから。

「ネガティブなことは考えない」と主張する夫婦

だが、３人のような人は、昭和一桁《ひとけた》生まれから団塊世代くらいまでのアクティブに生きる高齢者層にはけっこういて、それどころか「自分には介護問題は生じない」『生涯現役』で人生を全うできる」と信じて疑わない高齢者が少なくないことが、次第にわかってきた。

次の82歳の男性Wさんとその妻との出会いは、こうした高齢者との最初の出会いだった。

Wさんは、「昭和生まれ世代の家族と介護」というテーマで、ある県の男女共同参画センターで、私が連続5回の講義をした時の受講生。5回とも最前列で受講していた人である。

最終講義終了後、私は、「最後まで聞いてこられての感想はいかがですか」と聞いた。すると、次の答えが返ってきたのである。

Wさん「自分は現役時代、外国勤務もし、ちゃんとリスク管理をして業績も上げてきました。なので、倒れたらどうするかなんて暗いことを考えないために、介護について書いてある本なんかも読まないし、これまでは破り捨ててきました」

春日「でも、Wさんにとって、これからの大きなリスクは、Wさんか奥様のどちらかの介護が必要になる時でしょう。その時のリスク管理はどうされてますか」

Wさん「いつも自分はプラス思考で物事にあたってきました。だから、そんなネガティブなことは考えません」

春日「じゃあ、現実に介護が必要になったらどうされるんですか」

Wさん「そりゃあ、特別何とかという24時間介護をする施設がある。そこに入る」

春日「ああ、特別養護老人ホームですね。でもあれは要介護3以上じゃないと入れないし、この市でも500人待ちで、申し込んでもすぐには入れないそうですよ」

Wさん「だったら、息子がいるから息子が何とかしてくれると思います」

春日「でも、せっかく5回も私の話を聞かれたんですから、家に帰られたら奥様と、そんな時どうするか話し合ってみてください。大事なことだと思いますよ」

そして、ひと月後、講座の修了式が行われた日、Wさんは妻を同行して出席し、前回の講座の後、妻と話し合ったと言う。私は妻の方に、「どんなことを話し合われたんですか」と質問した。すると、次のような言葉が返ってきた。

妻　「これまでこんな話はしたことがなかったんですが、２人で今後のことを話し合ったんです。結論は、私はあなたの介護をしたくない。あなたも私の介護をしたくない。それが私たちの生き方だよねと。主人もそうだと言いました」

春日　「ええっ！　２人とも80歳を超えているのだから、近い将来どちらかが介護が必要になるかもしれないとは考えられないんですか？」

妻　「ええ、そんなことは考えません。ネガティブなことは考えないというのが主人の生き方で、私もそれに従ってきましたから。だから、介護が必要になるようなことにならないために、一日一日を充実させて生きることにしているんです。

主人は82歳になりますが、お年寄りが普通行かれるデイケアなんかに行かないで、こういうセンターで勉強してますし、私は好きな絵を描いたり、美術館や映画に行ったり、けっこう毎日忙しく過ごしています。だから、大丈夫だと思います」

これには本当に驚いた。介護問題を研究領域にする私がこれまで出会ってきたのは、介護が必要な要介護者や介護者、さらに施設職員や支援機関の支援者など、「介護が必要な時期の尊厳ある暮らしはどうすれば可能か」と考える人の方が多かった。

だから、その時期が自分の人生にあることを「ネガティブ」なこととして否認するWさん夫婦の考えにびっくりしたのである。

サクセスフル・エイジングの落とし穴

しかし、元気に活動する高齢者には、Wさんのような考えの人がけっこういて、あちこちで高齢世代、子世代双方から、次のような発言を聞いた。

76歳男性「うちは夫婦2人暮らし。介護については心配していません。なぜなら、うちでは早くから健康に気をつけて、食事でも自分で料理して、毎日32品目は食べてます。ヨーグルトきな粉とか、納豆を毎日１つは食べるし、酢の物は欠かさない。それと２人で毎日５キロから６キロは歩いていますから」

58歳女性「うちの母は80歳ですが、自分が歳だという自覚がないんです。私は85歳で死ぬんだから、今の間にしておかねばならないことがあって忙しい。そう言って毎日出歩いている。趣味グループとか、旅行とか、おいしい物を食べ歩くとか温泉に行くとか。介護に関する勉強なんかはしませんよ。そんなことは娘の私に全部丸投げ。暗くなることは考えないって」

たしかに、自分の楽しみや、趣味や有益な社会活動をして日々が過ごせるなら、それに越したことはない。それに、きちんとした食事を摂り、散歩をしスポーツジムに通う生活習慣は健康維持に役立つだろう。

しかし、だからといって、老い衰えず、人の世話にならない人生が可能になるわけでもない。それが可能なのは、少数の運がいい人だけだろう。

「死」が避けられないのが人間の運命なら、老いて人の世話を受ける時期があるのも、人間の運命と考えるべきである。

長寿社会の現代、「どうやって老いていけばいいのか。どうやって死んでいけばいいのか。それがわからない」。そういう迷いを持つ高齢者が増えている。その中で、「サクセスフル・エイジング」(「成功加齢」とも訳される)という生き方を目指すWさん夫婦のような人が増えている。

上野千鶴子さんは、この概念が含む性格を、老年学者の秋山弘子さんの「サクセスフル・エイジングとは、中年期を死の直前まで引き延ばす思想のことである」という説を紹介し、「もっとわかりやすく言い換えますと、『老いを見たくない、聞きたくない、直面したくない』という思想のことだと言ってもいいかと思います」と述べる(上野千鶴子著『みんな「おひとりさま」』青灯社、2012年、67頁)。

しかし、「老いを見たくない、聞きたくない、直面したくない」と否定したところで、長生きすれば、骨折による歩行困難、認知症や、他の病に罹るリスクが高くなる。その中で「ネガティブなことは考えません」と「老い」を否認すればするほど、そうしたリスクが現実化した時、自分で対処できず、Wさんのように「息子が何とかしてくれると思う」と、自分の運命を他者に委ねることになる。

このような生き方は、これまでの「子どもに丸投げする」高齢者と変わらないどころか、

「まさか自分がこうなるなんて！」と、倒れた時の絶望感を深める生き方だろう。

しかも、「丸投げ」しようにも、その家族がいない人が、これから増えていく。そんな時代、こうした生き方をサクセスフル・エイジングと呼べるのだろうか。

そう考えると、長寿時代の高齢者の生き方として望ましいのは、健康増進を図り、人生を豊かにする活動を日々行うとともに、「加齢」がもたらすリスク、誰かの世話を受けて生きるしかない晩年期があることを前提に、元気でまだ余力があるうちに、どのように自分は人生を終えたいかを考え、情報収集をし、人間関係を組み直していく生き方なのではないだろうか。

だが、元気でアクティブに生きている昭和期生まれ高齢者は、この両面を併せ持つ生き方を目指しているだろうか。

(2) アクティブに生きる昭和期生まれ高齢者の未来イメージ——死生観

ハズレた未来予測——「こんなに長生きするとは」

Kさん「あの頃は年金の繰り上げというのがあって、早くもらえたんです。当時、役所の説明で、75歳で死ねばトントンと聞いたので、早くもらった方が得と思い、繰り上げ受給した。75歳までに死ぬだろうと思ってましたから。でも、今、自分の年金だけでは暮らせません。同居する娘の給料があるからやっていけますが」

Cさん「うちは女房の年金が少ないんです。当時、計算したら、70歳まで生きていれば支払額ともらう額が同じくらいになったんです。だから、『お前、早うもらっておけ』と言って繰り上げて年金をもらったんです。あの頃、こんなに長生きするとは思ってもいなかった。『損したねえ』と今、2人で話していますが」

Kさん（91歳・女性）、Cさん（91歳・男性）は、先に登場した「元気長寿者」である。Kさん、Cさんの妻が繰り上げ受給を始めた１９８０年代前半は、女性の平均寿命は78・76歳、90歳時生存者割合は16・０％だった。それが２０１７年には、平均寿命は87・26歳、90歳時生存者割合は50・２％となる。三十数年前に、「75歳までには死ぬだろう」という未来イメージ（寿命観）に基づいてした選択を、２人は今、「損したねえ」と悔やんでいるという。

人は現在の時点で持つ未来イメージに導かれ、一歩を踏み出す。「いま・ここ」での選択は未来につながっている。この点に関する思想家、三木清の説を、哲学者、内山節《たかし》さんが次のように引用する。

「未来はつねに現在によってつくられていくということを忘れてはいけない。それは人間も同じことだ。現在の自分こそ未来の自分なのだ。別の表現をとれば、現在の自分の生き方こそ、未来の自分の生き方でもある。なぜなら人間は、現在の自分の姿に似せて、未来の自分をつくっていくという性格をもっているからだ」

（内山節『哲学の冒険』平凡社、1999年、27頁）

こうした視点に立ち、アクティブに生きる昭和期生まれ高齢者が持つ未来イメージを知ることで、この世代の長寿期の暮らしを予測できるかもしれない。そう思い至った私は、私が企画し実施した「『人生100年』ハッピーライフプラン」と名付けたワークショップに参加した高齢者（60〜84歳の女性、72人）が、自分の100歳までの将来予測として書いた内容を見直していった。

高齢者の未来イメージを調査――描けない「85歳以上の自分」

ワークショップの参加対象者は、私が所属する「高齢社会をよくする女性の会・広島」の会員と、他の2カ所の生涯学習グループで学ぶ女性高齢者たち。これらの人たちを対象に、連続3回実施した。

うち、ここで使用するのは、第1回時の「人生100年時代のライフプラン」を書くというワークで行った作業である。それは「60歳から5歳刻みの年齢期で、私に起こるライフイベントを書いてみましょう」という課題に対し、参加者に、100歳までのライフプラン、すなわち未来イメージを記入してもらうというものである（【表1】）。

進め方は、まず、概論的講義から始めた。講義は、参加者が生きることになる日本の将来予測、すなわち在宅ケア中心の介護・医療・福祉の制度変革が進行する中、子どもがいない、いても介護力が乏しい高齢者、中でも、高い要介護率や認知症罹患率、大腿骨骨折率といった長寿期リスクを抱える80歳以上の女性高齢者が増大する社会変化に関するものである。

そして、そうした時代変化を踏まえ、【表1】の紙面に、『社会とのつながり』『友人とのつながり』『私に起こること（身体・家族・住居等）』の３つの軸を中心に、これからの人生で自分が経験することになるであろう未来をイメージし、自由に記述するよう求めた。

ちなみに、自由記述とはいえ、参考例がある方が記入しやすいかもしれないと考え、本書の巻末に掲載した資料（【付表1】）をあらかじめ配布した。

参加者が【表1】「人生100年時代のライフプラン」に記入した内容を検討していくと、興味深い事実がわかった。

各「年齢期」に記入された内容からだけでなく、記入されない白紙状態の「年齢期」がある人が、かなりの数に上り、さらにその理由を記述したものから、未来イメージを描く作業には、記入者の年齢のみならず、他のいくつかの要因が関わることがわかったのである。

そこでまず、未記入で白紙状態だった「年齢期」欄に関する事実から見ていこう。

ワークショップのねらいとしては、講義で話した「2017年時点で50・2％が90歳時まで生存し、25・5％が95歳時まで生存する（男性は各、25・8％、9・1％）」といった長寿化の実態などに関する知識を得て、さらに、資料として【付表1】の日常生活能力の低下についての具体的事項を参考にしながら、参加者が90歳以上まで生きる人生を自分のこととして考え、90歳以上の「年齢期」までの未来イメージを記入する作業を通して、長寿期に向けて、これから自分がなすべき課題や備えを自覚化することであった。

しかし、記入後返却された表を見ていくと、こちらの期待は大きく外れた。

【表1】で、85歳以上の2つの「年齢期」、すなわち「Ⅵ期（85‐89歳）」と「Ⅶ期（90歳以上）」の欄が記入できず、白紙だった人が多かったのである。

とはいえ、たしかに80代参加者（6人）は全員が記入していた。しかし、70代参加者（28人）では、記入者9人、無記入者19人。60代参加者（38人）では、記入者9人、無記入者29人。合計すると、60代、70代の参加者66人中48人、すなわち7割は、85歳以上の自分の長寿期イメージが描けなかったのである（【表2】）。

【表1】人生100年時代のライフプラン　記入表

（60歳から5歳刻みの年齢期で、私に起こるライフイベントを書いてみましょう。）

年齢期	年齢	社会とのつながり	友人とのつながり	私に起こること(身体・家族・住居等)
Ⅰ期	60歳 61歳 62歳 63歳 64歳			
Ⅱ期	65歳 66歳 67歳 68歳 69歳			
Ⅲ期	70歳 71歳 72歳 73歳 74歳			
Ⅳ期	75歳 76歳 77歳 78歳 79歳			
Ⅴ期	80歳 81歳 82歳 83歳 84歳			
Ⅵ期	85歳 86歳 87歳 88歳 89歳			
Ⅶ期	90歳 以上			

【表2】参加者が記入出来た「年齢期」

記入がある「年齢期」	参加者年代			記入者計
	80代	70代	60代	
Ⅶ期（90歳以上）まで記入	5人	3人	3人	11人
Ⅵ期（85～89歳）まで記入	1人	6人	6人	13人
Ⅴ期（80～84歳）まで記入	—	15人	14人	29人
Ⅳ期（75～79歳）まで記入	—	4人	11人	15人
Ⅲ期（70～74歳）まで記入	—	—	4人	4人
合計	6人	28人	38人	72人

ここからわかったのは、当然といえば当然なのだが、長寿化が進み、90歳過ぎの長寿者が増える現実を知識として知ったとしても、人はその知識を自分の人生と重ね合わせて自分の未来をイメージするわけではないという事実だった。

「ピンピンコロリ」「早死に」願望の弊害

では、学んだ知識を現実に生かす方向ではなく、それを阻《はば》む方向で作用するもの、それは何だろう。

1つは、知識を得ても、それが想像力が及ばない遠い先のことに思え、自分の未来イメージに結びつかない。そういう人もいるだろう。

また、得た知識が事実だとしても、そうした現実を考えたくない。自分の未来から消し去りたい。そういう人もいるだろう。

それ以外にも、こちらが思いもしない理由が、いろいろあるかもしれない。

そこで、60代、70代参加者のうち、85歳以上の「年齢期」欄を空欄のままにしていた人が書いたその理由を見ていこう。

まず、70代の参加者の記述である。

「83歳でどこかの施設に入れてもらい84歳で人生終了の予定」（77歳）

「楽しい思い出をいっぱい作ってピンピンコロリと。老人ホームで幼稚な活動をさせられるのなら死んだ方がましかも」（78歳）

「85歳、このあたりで終わりたい」（71歳）

「両親が50代、60代で死去し、モデルがないので考えられない」（74歳）

「85歳以上から先は全く見当がつきません」（73歳）

「生きているとはとても思いません」（72歳）

「女性の平均寿命前に死ぬのでは」（71歳）

「希望としては80代前半で死亡」（70歳）

次に60代の参加者の記述である。

「できたら80代前半で終わりたい」（69歳）
「Ⅵ期（85‐89歳）以降、予想がつきません」（65歳）
「80代前半までに元気な状態でエネルギーを使い果たして没となりたい」（68歳）
「80歳以降想像できません」（62歳）
「84歳。このあたりでもういい」（60歳）
「私、85歳で死亡」（64歳）
「85歳で病死」（65歳）

ここからは、いくつかの理由が読み取れる。1つは、長寿化が急速に進む中、寿命観はまだ「人生100年時代」どころか、「人生80年時代」にとどまる人が多く、その拘束力が未だに根強い事実である。

次に、これにも急速に進む長寿化が関わるが、私たちが日常、目にする長寿者とは、テレビを含めマスコミに登場する特別に元気な長寿者か、高齢者施設で暮らす要介護高齢者であることが多く、モデルにできる元気長寿者と身近に接触する機会がない。そうした中で、自分の未来イメージをどう描けばいいかわからない人がいるということだろう。

さらに、もう1つの影響力として挙げられるのは、「元気な状態で死にたい」という「ピンピンコロリ」願望である。そして、この願望にとり憑《つ》かれて日々を過ごす高齢者が多いことこそが、現代日本の現実なのかもしれない。

しかし、いったい「ピンピンコロリ」願望や「早死に」願望の背景にあるのは何だろう。

厚生労働省委託実施の「健康意識に関する調査」（２０１４年）の中に、「自分の生きたい年齢と生きられると思う年齢」という寿命観に関する設問がある。

その設問に対する65歳以上の回答者の結果を見ると、「自分の生きたい年齢」は、女性79・47歳、男性82・83歳。「自分が生きられると思う年齢」は、女性78・79歳、男性80・73歳。現実には女性の方が男性より長命であるにもかかわらず、女性の方が男性より短い（厚生労働省委託「健康意識に関する調査」２０１４年）。

こうしたことを併せ考えると、ケア役割を担う女性の方が、男性より「人の世話を受けること」への負担感が強く、それが「ピンピンコロリ」願望や「早死に」願望につながり、女性たちが、時代の変化に即した「長寿期を生きる自己イメージ」を持つことを難しくしているのかもしれない。

ところで、白紙状態だった年齢期欄の読み解きからいったん離れ、【表1】の各年齢期欄に記述された内容から、参加者の現状と未来イメージを見ていくと、未来イメージを描けない理由がそうした要因だけではないことがわかってきた。次にその点について見ていこう。

(3) アクティブに生きる昭和期生まれ高齢者の未来イメージ——老いる準備

少ない「老いること」「老い支度」への記述

参加者が【表1】の各年齢期欄に記入した事項全てを見ていくと、興味深い事実がわかってきた。

各年齢期欄に記述された内容を、『社会とのつながり』『友人とのつながり』『私に起こること（身体・家族・住居等）』の３つの軸に分けて見ていくと、参加者全員の傾向として、どの年齢期でも、『社会とのつながり』『友人とのつながり』の軸で記述される事項が多い反面、「身体能力の低下」や「老い支度」などに関わる『私に起こること』軸の記述が予想外に少なかったのである。

そして、その傾向は、60代の参加者はもちろん、70代後半の年齢期の参加者でも同様で、活発な社会活動や趣味活動、友人付き合いに関する事項は溢れんばかりに記述されるが、身体的能力の低下の気付きや「老い支度」に関する記述は薄く少ない。そういう人が多かったのである。

そうした実態を示す事例として、70代後半の参加者のうちの４人が、現在の「自分の年齢期」Ⅳ期（75‐79歳）に行っていることとして記入した全ての事項を例として挙げよう。

【参加者A】77歳。『社会とのつながり』：老人ホームボランティア、生涯学習グループへの参加、コーラス、観劇。『友人とのつながり』：コーラス仲間との付き合い、観劇の会の仲間との付き合い、ボランティア仲間との付き合い。『私に起こること』：家事、お金の計算、おしゃべりもできる。

【参加者B】75歳。『社会とのつながり』：読書会、文庫活動、市民運動、朗読ボランティア。『友人とのつながり』：今までの友人関係継続、サークルの友人関係継続。『私に起こること』：歩行ゆっくり、家事能力変わらず、金銭管理能力ＯＫ。

【参加者C】76歳。『社会とのつながり』：絵画展を年に数回見に行く。『友人とのつながり』：友人と食事会、読書会。『私に起こること』：甥・姪の結婚終了、孫就職成人、家事能力は今のところあり。娘家族と温泉旅行。

【参加者D】75歳。『社会とのつながり』：夫が囲碁サロンを開く。仏教法座参加。『友人とのつながり』：月1回、従妹とカラオケ。2カ月に一度、友人と会食おしゃべり。『私に起こること』：今のところ日常生活に不自由なし。朝30分散歩。

これだけの事項が記述されながら、参加者Bの「歩行ゆっくり」のみが「老いる」私に関する記述である。

こうした事実は、後期高齢者といわれる75歳を過ぎても、元気な間は、人々の主な関心は社会的活動、趣味活動、友人付き合いなどにアクティブに取り組むことに向かい、「老い支度」などに向くことは少ない。そうした一般的傾向があるといえないだろうか。

「老い」の予測はあっても、具体的行動は少ない

では、目を転じて、多数派ではないものの、【表1】の『私に起こること』の軸に、「身体能力の低下」や「老い支度」に関して記入した人たちは、それをどの「年齢期」に生じる未来としてイメージし、それに向けてどんな「老い支度」に取り組んでいるのだろうか。

それを、70代参加者がこの軸に記入した全ての内容から見てみよう。70代にもなると、身体的能力の衰えや、備えの必要性を感じる人も多いと思うからである。

記述された内容は、①「日常生活能力の低下」のみを記述、②日常生活能力の低下、およびそれに伴う支え手（場所）を記述、③日常生活能力の低下、およびそのための具体的備えもしくは取り組みを記述、この3つに分けることができた。

つまり、「老いる私」に目が向いてはいるものの、「日常生活能力の低下」だけが念頭にある人から、「老い支度」も情報収集だけの人、具体的にすでに始めている人まで、大きな幅があったのだ。

そこで、挙げられた「老いる私」と「老いる準備」に関する全記述を①②③の順で挙げてみよう。

①「日常生活能力の低下」に関わることのみに言及したもの。

「Ⅴ期（80‐84歳）自分の衰え、ゆっくりと身の回りのことをする」（71歳）
「Ⅴ期（80‐84歳）町内会との関わりや宗教との関わりぐらい。認知症」（76歳）
「Ⅴ期（80‐84歳）家事能力、金銭管理能力の喪失」（72歳）
「Ⅵ期（85‐89歳）には細々と趣味、家事能力低下」（78歳）
「Ⅶ期（90歳以上）金銭管理ができず、家事能力が低下し買い物も自由にできず、食事の支度もできない」（76歳）

②「日常生活能力の低下」およびその時の支え手（場所）を記述。

「85歳で老人ホーム入居希望。自分の衰え、ゆっくりと身の回りのことは自分でする」（79歳）
「Ⅴ期（80‐84歳）、家事能力、金銭管理能力の喪失、判断力低下、自宅ならヘルパーさん、施設入所ならデイケア職員との付き合い。Ⅶ期（90歳以上）、生きていたら夫と老老介護か施設職員に支えられ、年に数回年下の友人が訪れる」（71歳）
「Ⅴ期（80‐84歳）、介護認定を受けヘルパーさんを週1回くらい、自分がしたいように生きている。自宅暮らしが困難という時には老人ホームへ入居」（73歳）
「Ⅵ期（85‐89歳）、この時期には介護が必要になるだろうか？　ショート、デイ、訪問介護を駆使して自宅で最期。認知症または重度の要介護ならグループホーム」（75歳）

③日常生活能力の低下、支え手（場所）、老い支度に関する記述。

「自宅の修理完了。死亡時の整理は申し送り済み。墓地は整理」（79歳）
「現在は金銭管理能力もあるがそれもⅤ期（80‐84歳）までと思う。現在、金を払えば面倒をみてくれる場所を探し、資料を取り寄せ中」（77歳）
「これからも続けられる間は70代のことを続ける。でも、おひとり様なのでボツボツ公共の相談所へ行く」（74歳）

「Ⅵ期（85‐89歳）には居場所を確保し経済も含め最終整理。在宅介護希望。Ⅴ期（80‐84歳）に子どもとの同居を含め、私の居場所を確認。仕舞い支度開始、マネー管理の確認」（72歳）

「Ⅵ期（85‐89歳）認知症を発症、シェアハウスに住む。Ⅴ期（80‐84歳）に日常生活支援事業契約、施設探しで決める。地域包括につながり、成年後見人を決める。不動産売却、家事能力、金銭管理能力低下」（70歳）

ここに記述された未来イメージからわかることがいくつかある。

1つは、記入した人の多くが、「日常生活能力の低下が生じる時期を、Ⅴ期（80‐84歳）、遅くともⅥ期（85‐89歳）と考えている事実である。

だが、Ⅴ期（80‐84歳）にそれを予測する人が多いにもかかわらず、それ以前の70代後半（Ⅳ期）までに、それに向けての具体的な動きをしている人は、「自宅の修理完了。死亡時の整理は申し送り済み。墓地は整理」「現在、金を払えば面倒をみてくれる場所を探し、資料を取り寄せ中」「ボツボツ公共の相談所へ行く」と書いた3人のみである。認知症になるリスクを予想はしても、予想のみにとどまる人と、詳細な情報を持つ人との差も大きい。

要約すると、自分の老いについて考えようとする人であっても、70代時点で長寿期の暮らしを見据え、何らかの備え行動を開始している人はまだ少ないという事実である。

80代参加者の未来イメージは、白紙が埋まっていく

ところで、これまで60代、70代の参加者の記述を中心に見て、80代の参加者に関しては何も触れてこなかった。下の年代と80代の参加者とでは明らかに異なる点がいくつかあり、別々にとらえた方がいいと考えたからである。

そこで、80代の参加者が、Ⅵ期（85－89歳）、Ⅶ期（90歳以上）欄に記述した内容全てを挙げてみよう。

このⅥ期、Ⅶ期の年齢期欄は、70代、60代の参加者の7割が空欄にした箇所である。

しかし、80代の参加者（全員80代前半。6人）は、6人のうち5人が、90歳以上の年齢期（Ⅶ期）まで、1人がⅥ期（85－89歳）まで記入していた。

6人によって記入された全文を挙げてみよう。

【参加者E】「10年後のⅦ期（90歳以上）、どうなっているかあまり想像できないが、元気であればこれまで同様、小さな楽しみを持って生きていきたい。生活の自立度は下がらないようにしたい。町内会役員は80代後半（Ⅵ期）まで続けたい」（82歳）

【参加者F】「Ⅵ期（85‐89歳）。町内会活動は続いていると思う。自分の趣味は山野草が好きで、庭に鉢植えや庭植えで、これが健康の元。90以上（Ⅶ期）になっても現在の状態をいくらか維持しているのではないかと思う」（81歳）

【参加者G】「Ⅶ期（90歳以上）。市の老人大学は最後まで続けたい。現況が最後までできるよう心掛けて生活する。前向きに物事を考える」（83歳）

【参加者H】「Ⅶ期（90歳以上）。通いなれた所なら少々遠くても移動する。趣味を生かして日々楽しく。掃除は腰痛のためできない。金銭管理は自分でできる。病院に通いながら自分で健康管理する」（84歳）

【参加者I】「Ⅵ期（85‐89歳）。ボランティア活動80代で縮小。Ⅶ期（90歳以上）ボランティア活動を引退。家事能力、金銭管理能力なくなる。友人関係が途切れる」（83歳）

【参加者J】「Ⅵ期（85‐89歳）。活動からの引退。自力で動ける間は自分のことは自分でやりたい。近隣の人たちと時々つながりを持つ。Ⅶ期（90歳以上）。もうこの世にいないかもしれない。介護の世話になる。食事作りが困難になり、配食サービスを受ける。

施設へ入居。金銭管理能力の喪失。信頼のおける人に財産管理の依頼」

ここで描かれる未来イメージの内容は、60代、70代の参加者が思い描いたそれとは大きく異なっていた。

つまり、60代、70代の参加者では、その7割が、「ピンピンコロリ」願望や「早死に」願望により、Ⅵ期（85－89歳）、Ⅶ期（90歳以上）の年齢期については、もう想像が及ばない年齢期として扱われ白紙状態だったのだが、80代の参加者にとっては、Ⅵ期、Ⅶ期を生きる自分の暮らしが、現在の暮らしの延長線上に続くものとしてイメージされている。「生活の自立度は下がらないように」「現在の状態を維持し」「現況が最後までできるように」「前向きに」「日々楽しく」という言葉とともに。

80歳の転換点――老いへの向き合い方が分岐する

60歳以上で、同じ「高齢期」と括《くく》られる人たちであるのに、長寿期に対する未来イメージが、このように80歳を境に分かれていくのはなぜだろうか。

60代、70代の年代では、まだ体力の衰えが切実に感じとられていない分、「老い衰える」

長寿期への怖《おそ》れが、「早死に」願望や「ピンピンコロリ」願望と結びつき、まさに上野千鶴子さんが言う「老いを見たくない、聞きたくない、直面したくない」という思いが、現在の時点から未来に続く人生イメージを遮断する。

しかし、80代になると、「早死に」しても「ピンピンコロリ」と死んでも、世間的にはもう十分「老い衰えた」年齢である。したがって、そうした願望を持っていたとしても、それをいったん内にひそめ、残された歳月をどのように暮らすか、改めて考えざるを得なくなる。

そして、努力を怠れば日に日に低下する体力、記憶力という形で「衰えを増す私」を体感する暮らしの中で、現在以上に「老い衰える」未来への怖れ（＝未来イメージ）が反転して、日々の努力でせめて衰える速度を減速させたいとの形で、現在を「前向き」に生きる原動力とする方向に作用し始める。そういう形で長寿期を生きる人生の転換点が、80代初めにあるからではないだろうか。

黒井千次さんが著書『老いの味わい』で、「現在の80歳は節目の年齢である」ということを、次のように述べていた。

「かつては還暦を過ぎた後は、古稀（七十歳）や喜寿（七十七歳）といった区切りが年齢の節目として重視されたと思われるが、我々の寿命が延びるにつれて、むしろ八十の坂を登り切ることのほうがより切実な課題として重視されるに至った。

古稀とか喜寿といった飾りのついた呼び名ではなく、いつか七十歳、八十歳といった剝《む》き出しの数字のほうがリアリティーを持つようになった。だから、八十代に届いた時、人は傘寿などという呼称を思い出すのではなく、やれやれと一息ついてその裸の数字を撫《な》で廻す気分になるのであろう。

次にその人（＊著者補足：80代の知人）が洩《も》らした言葉が身体の芯に届いた――目指す八十代に達して一安心した時、その先の目標が急になくなったような気分を覚えた、というのである。無事に八十歳となるのが切実な望みとしてあった以上、いざそれが実現してしまうと、その先をどうすればいいか、目標を見失ってしまったような気分に陥るのかもしれない」（黒井千次著『老いの味わい』中公新書、２０１４年、130頁）

たしかに、80歳が老いを生きる人生の節目となっていると考えれば、80代参加者の未来イメージが、70代、60代の下の年齢と異なる理由がわかる気がする。

そうした時、「ピンピンコロリ」「早死に」という目標を失い、新たな生き方に切り替えられないまま、「膝が痛い」「腰が悪い」などの身体的不調をかこち、「70の坂は上れても、80の坂は越え難い」「早くお迎えが来ないものか」とテレビに張り付く暮らしの中で弱っていく人と、そうでない人とに分かれていく。

そして、80歳を超えてアクティブに生き、こうしたワークショップにも参加する人の場合、後者の生き方を選んだ人である可能性が高い。少人数だから断言はできないが、ここまで紹介した、60代、70代の参加者と比べての80代の参加者の85歳以上の長寿期に対する向き合い方の違いから、そうしたことが読み取れないだろうか。

80代で社会的手続きを進めることの難しさ

ところで、ここまで述べてきて、80代の参加者の記述で気になることがある。それはⅥ期（85－89歳）、Ⅶ期（90歳以上）の未来イメージとして、身体的能力の低下については70代より深刻なレベルの予測を記述しながら、6人全員が「自活能力が失われたときの具体的な方策」について、何ら触れていないことである。

たしかに、この人たちは、体力維持に日々意欲的に取り組む未来はイメージしていた。しかし、その流れでいくと、80代に達したからこそ、身の振り方を具体的に決め、その手続きを進めている人がいれば、具体的にその記述がなされていてもいいはずである。

しかし、そうした記述は見られない。そこにはもう１つの「80歳過ぎの日常生活能力の低下」という面が関わっているのではないだろうか。

ワークショップ終了後、一人の80代の参加者が次のように話しかけてきた。


「子どももいないので、有料ケア施設への入所を考えていたけど、もう無理かもと思ってます。施設のパンフレットを取り寄せ、重要事項説明書を比較した方がいいと教えられたんでそうしたけど、字が小さいところはよく読めない。内容も自分だけではよくわからない。そのうち面倒になって、もういいわってって、放っぽり投げました。まあ、体力だけは落とさないように頑張っていますが」


たしかに、長年慣れ親しんだ日常習慣、自分でやると決めた散歩や庭の手入れの日課などは続けることが可能でも、こうした社会的な手続きを進めるのが難しくなるのが80代なのかもしれない。

そう考えると、このワークショップに参加した他の人たちも、倒れた時のための備えをどうするかよりも、とりあえず自分で取り組み可能な日課を未来イメージとして描いたのかもしれない。

だとすると、これだけアクティブに生きている人たちでも、前節で登場した、子どもの世話にならないのは「お金だけ」で、後は「子どもがどうにかするだろう」「誰かがどうにかしてくれるだろう」という生き方になってしまうのだろうか。

「自宅で最期を迎えたい80代」の7割が、ヘルパー利用料を知らない

ところで、ワークショップ参加者の未来イメージの分析から離れて、中國新聞がアクティブシニアを対象として「人生100年時代アンケート」として実施した、興味深い調査結果を紹介しよう。

この調査は、シニア学習センターや講演会参加者、新聞読者などを調査対象として、1258人から回答を得たものである。

その中に「ヘルパー利用料（自己負担額）は、現時点で身体介護の場合、30分以上1時間未満でどれくらいかかるか知っていますか？」という設問があった。

これに対して、「知らない」人の割合は「60－79歳」で78・6％、「80歳以上」で75・8％

で、この割合は年齢による差がほとんどなかった（回答者数60‐79歳、８９６人、80歳以上、２１９人）。

さらに、この調査では、「最期を迎えたい場所はどこですか」という設問に「自宅」と回答した人に対し、上記の設問「ヘルパー利用料金を知っているか」を問うたクロス集計の結果も報じている。

結果は、「自宅で最期を迎えたい」の回答者割合が「60歳～79歳」で47・４％。そのうち「ヘルパー利用料金」を「知らない」割合が80・２％。

そして「80歳以上」では、「自宅で最期を迎えたい」人の割合46・１％のうち、「知らない人」が72・３％だった。

60歳～79歳に比べて、80代がこうした問題を切実に考えているならば、両年代の差異がもっと大きくていいはずである。しかし、80代以上でも「最期は在宅」を希望しながら、ヘルパー利用料金がいくらかも知らない人の割合が７割を超える。これは驚くべきことといえないだろうか（「人生100年時代　どう走り抜く?・」『中國新聞』２０１７年６月25日付朝刊）。

こうした調査結果と併せて考えると、ここまでワークショップに参加した人たちの未来イメージを通して述べてきたことは、ワークショップ参加者のみにとどまらず、アクティブシニアといわれる人たちに広く見られる傾向なのかもしれない。

しかし、それが実態だとしたら、在宅福祉の方向に制度が進むという現在、それは恐ろしいことではないだろうか。何度も言うが、現在の高齢者家族の実情としては、「いざ倒れた時に頼りになる家族がいない、いても頼れない、そもそも子どもも甥や姪も頼る人もいない」、そういう人が増え続けているのだから。

では、「老い支度」として、いったい何から取り組めばいいのだろうか。次章ではそうしたことを見ていこう。

第5章　「ヨロヨロ」期の超え方、「ドタリ」期への備え方

（1）「ピンピン」期と「ヨロヨロ」期の落差の大きさ

近い将来「大量の高齢者」に起こり得るリスク

前章で見たが、国の調査によると、高齢者が考える「自分が生きられると思う年齢」は、女性で78・79歳、男性で80・73歳。日本の高齢者には「自分の寿命は80歳前後」という考えの人が多いようだ。

だが現実には、長寿化はさらに進み、これから急激に80歳以上人口が増えていく。

【表3】高齢者人口及び割合の推移

年次	総人口(万人)	高齢者人口(万人)				総人口に占める割合(%)			
		65歳以上	70歳以上	75歳以上	80歳以上	65歳以上	70歳以上	75歳以上	80歳以上
1950年	8320	411	234	106	37	4.9	2.8	1.3	0.4
1975年	11194	887	542	284	120	7.9	4.8	2.5	1.1
2000年	12693	2204	1492	901	486	17.4	11.8	7.1	3.8
2015年	12709	3387	2411	1632	997	26.6	19.0	12.8	7.8
2035年	11522	3782	2971	2260	1629	32.8	25.8	19.6	14.1

注：1950年は沖縄県を含まない。

［出典］平成29年　統計トピックスNo.103（総務省統計局）

2000年に486万人、総人口に占める割合が3・8％だった80歳以上人口は、2015年には997万人、同割合7・8％と倍増したのだが、団塊世代が80代半ばに達する2035年には、なんと1629万人、同割合14・1％へと大きく増えることが予測されている（【表3】）。

中でも注目すべきなのは、高齢の単独世帯の増大である。「65歳以上単独世帯の性・年齢構成」を見ると、2017年にすでに、単独世帯の中で80歳以上が占める割合は、80～84歳女性が21・0％、男性が12・5％、85歳以上が女性20・0％、男性12・2％と、高い割合を占め

【図5】65歳以上の単独世帯の性・年齢構成

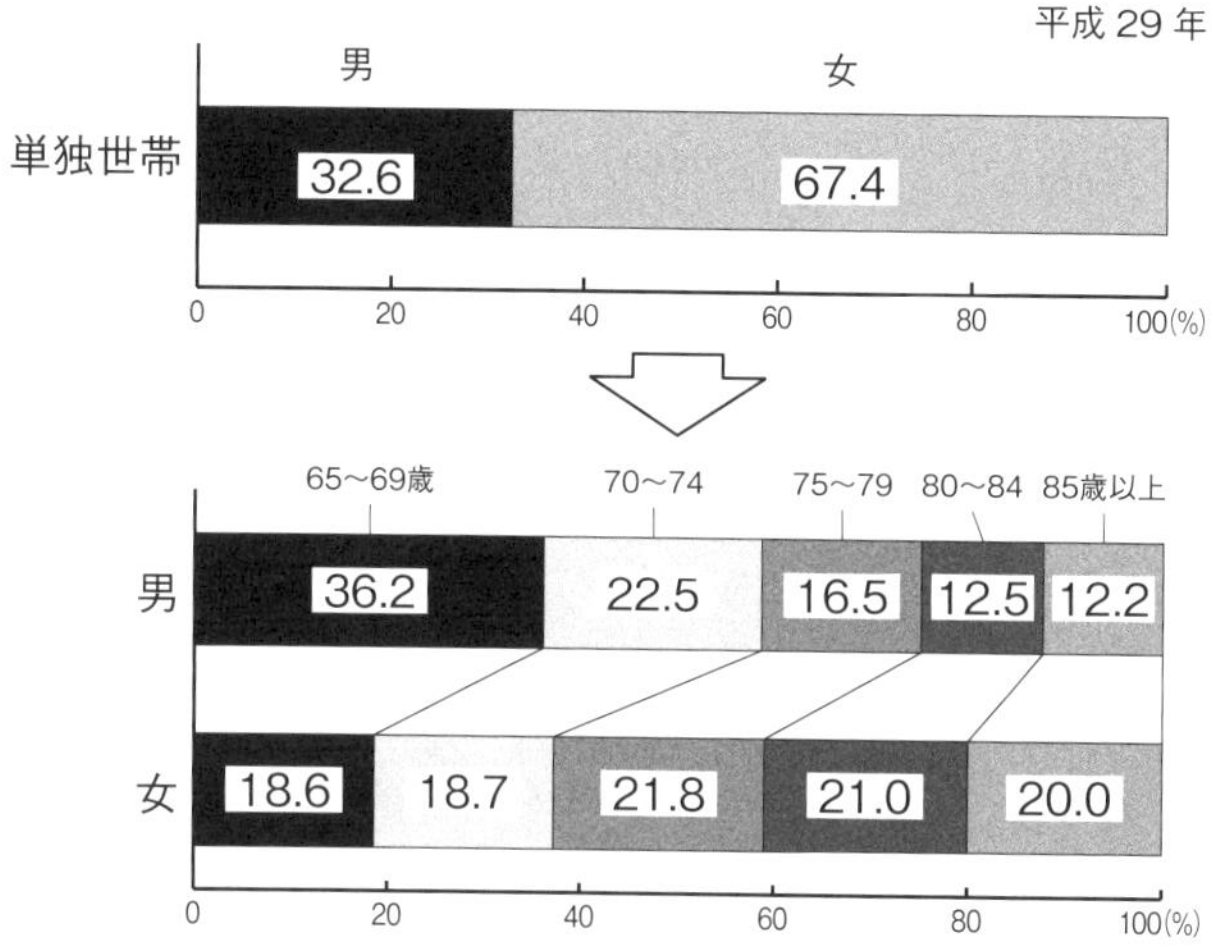

［出典］平成29年国民生活基礎調査（厚生労働省）

（【図5】）、特に女性でその傾向が著しい。

ところで、85歳以上の高齢者人口の増大と、高齢者の家族基盤の脆弱化とが相まって進む社会変化の方向と、前章で見てきた、アクティブに活動する現代の高齢者の生き方とを考え合わせると、近い将来、大量の高齢者が陥るリスクとして予測される事態とは、何だろうか。

元気で活動している間は、「終活」についてはまだしも、倒れた時のことは「成りゆき任せ」か「誰かがどうにかしてくれるだろう」。そういう暮らしだった場合、いったん倒れれば、予期せぬ事態にどう対処すればよいかがわからず、倒れる前と倒れた後の人生の落差に驚き、寄る辺なく途方に暮れ、体調をさらに悪化させ、さらなる窮地に陥る人が膨大な数に上るだろう。

それは第3章で見た3人の女性の事例、80代前半までは元気だったが、倒れた後の80代後半から90代で生活が激変していった、同居の息子が見てくれるはずだと信じていたのに同居の息子家族が関わらなかったOさん（95歳女性）、帰郷を待ちわびた息子が逝き、想定外の人生になったPさん（98歳）、認知症で生活崩壊状態になった、ひとり暮らしのRさん（95歳）が陥った窮地と何ら変わらないどころか、ここ十数年の間に進んだ家族の変化と医療・介護制度の変化に伴い、厳しさはさらに深まっている。

高齢期の入院——備え不足で混乱、パニックになる人たち

その事実を実感したのは、2017年に急病で入院し、急性期病棟の相部屋で2週間過ごした私自身の体験だった。

部屋は4人部屋。入退院の出入りがあったが、一緒に部屋で過ごしたのは、私以外は、全員80代半ばだった。ひとり暮らしの人、夫婦暮らしの人、単身息子と暮らす人、娘家族と2世帯住宅で暮らす人。現代の高齢者家族の縮図のようだった。

「80歳過ぎるとお医者さんが言うことは半分しかわからない。その点、うちは娘がいつも付き添ってくれて、チャッ、チャッと何もかも進めてくれる。娘がいて私は安心ですよ。娘に任せておけばいいのだし」

そう語る、娘家族と同居する女性以外は、急な入院であたふたと混乱し、困惑し、中にはパニック状態に陥る人もいた。

夫婦暮らしの人の場合、夫が「介護保険証はどこにあるか。仏壇の下か？　引出しか？」「お薬手帳というのを持っているか？　どこにあるのか？」と自宅と病院を何度も往復し、妻の方は、「かかりつけ医の先生はありますか」と質問され、「かかりつけ医って通っている病院ですよね。何カ所かあります」と答え、「そうではなくってぇ……」と看護師に正されていた。

さらに、退院指導の看護師長から、2、3日後に退院してくださいと申し渡されたひとり暮らし女性のパニックぶりは相当なものだった。

女性はまず、看護師長に次のように頼んでいた。「退院するのは、退院しても私がやっていけると判断した時に、退院したいんです。ひとり暮らしで自信がないので、できるだけ長く居させてほしいんです」

それに対し看護師長が次のように応じたのだ。

「○○さんが望まれるようには、残念ながらならないと思います。○○さんはこれまで頑張ってこられたから、元の元気に戻れると思っておられるようですが、○○さんの今までの元気と、退院後の元気は違ってきますし、それに○○さんが自宅に帰ってやっていけると思われるレベルと、病院が退院できると思うレベルも違います。

今は以前みたいに、2カ月も3カ月もの入院はできなくて、2週間が目いっぱいのところで。できれば来週早くにでも退院していただいて、その後は近所のお医者さんにかかって、ヘルパーさんに通ってもらう方向で考えて下さい」

そう看護師長に申し渡された夜、不安で眠れないらしい女性は、夜中にナースコールを何度も押し、挙げ句は「心臓がおかしいので心電図をとってくれ、ちゃんと検査してくれ」と要求し、翌日の朝食は「心臓がおかしいので食べられない」と摂らないままだった。

相部屋で否応なく付き合うことになったこうした状景を目の当たりにし、この人たちが、いざ倒れた時に備え、夫婦で健康保険証や介護保険証、お薬手帳などの保管場所や、相手の健康情報を共有し、さらに、最近の医療情報――かかりつけ医の必要性や、急性期病棟では最長2週間しか入院できないといった情報――に常日頃から敏感であれば、ここまでの混乱とショックはなかっただろうと思った。

「子どもに頼りたい」と思っていても言い出せず、悶々とする

それに、倒れた後のこうした問題だけでなく、子どもがいる場合にも、複雑な子世代との関係に悩み、自分が望んでもいなかった事態に陥る人も増えている。

「子世代が親の世話をするのはあたりまえ」という意識が多少とも残っていた90代以上に比べ、80代の高齢者になると、元気な間は「子どもの世話にならない、なれない」という意識が強い分、子どもの方にも親をみるという意識が薄くなっているのだ。

そうした中、じつは子どもに頼りたいと思っていても、自分の方からそれを言い出せず、自分が倒れた時どうなるか、どうすればいいかわからないと悶々《もんもん》と日を過ごす人、さらには頼りたい思いを歪《ゆが》んだ形で表現し、関係を悪化させるだけではなく、思わぬ結末を自ら招く

人も出ている。

前者の例として、83歳の男性が重い口調で語った現在の心境を挙げよう。

「自分は83歳で、家内の介護は自分がして、数年前に見送りました。で、自分の世話は息子の嫁にしてもらうしかない。だから、嫁さんの考えを聞いてみたいが、よう聞けん。自分はどうなるんだろうか、施設に入らんといけんのだろうか。でも、施設は金もだいぶんいると聞いてるし、そんな金はないし。あれこれ考えると夜も眠れんことが多いんです」

また、後者の例として、知人が自分の友人（83歳）のこととして語った高齢の母親と子世代との関係を挙げよう。

「娘と息子がいる83歳の友達がいるんだけど、息子に『そろそろどこかに入らなきゃいけんかね』と恐る恐る聞いてみたら、『具合が悪くなってから探せばいいじゃない』と軽く言う。でも、同じことを娘に聞いたら娘がいい返事をしない。娘の方は自分が手を下さんといけんからね。

　で、娘がいい返事をせんので、娘を試したわけ。ケア施設の申し込み書を取り寄せて、『この施設に入ろうと思うから』と娘に言ったというのよ。そしたら娘が保証人になってくれたんだって。本当は絶対的に断ってほしかった。『母さん、やめなさい。弟もいるから、私たちがみるから』。そう言ってほしいのに、それを言わない。

　それで（施設に）お願いしますと申し込んだんだって。で、いったんは『空きがない』と断られたんだけど、『空きができました。どうぞお入りください』と言ってきた。でも、本当は入りたくない。本人は娘を試しただけだからね。子どもの世話にならない、なれないと言いながらね。本当は世話になる気十分なんよ」

　この女性の場合は「試し行動」で施設入所にまで追い込まれている。だが、ここまで至らなくても、「一緒に住むのは自由がなく、気兼ねするからしたくない」と言いながら、「長生きし過ぎた。生きてててもいいことなんかひとつもない！」「親のことを忘れたんだろう。電話ひとつしてこない。寄りつこうともしない。……」などなど、ため息交じりに愚痴《ぐち》を言い続け、はっきりと「お願い、助けて」と依頼することなく、手助けせざるを得ない状況に子どもを追い込む。そうした中で、親子関係がこじれていく。こうした例も少なくない。

こうしたケースを見聞きすることが多い中、現代の70代、80代で老夫婦暮らし、ひとり暮らしの場合、何より必要なのは、第3章でも少し挙げたが、

・いざ倒れた時、誰に発見してもらうか、
・発見された後、誰につないでもらうか、
・いったん回復した後、「ヨロヨロ」しながらでも自力で（もしくは夫婦2人で）どう暮らしを乗り切っていくか、
・その時、誰に自分を見守り支えてもらうか、
・自力で暮らせなくなった時、自分は何処で誰と暮らしたいのか、
・施設を希望するのであれば、どんな施設を望むのか、
・今の医療や介護制度はどうなっているのか、

などなどを考えたり調べたりしておくことであり、そうした「ヨロヨロ」期に必要な具体的手立てや情報収集を、誰かに丸投げして委ねるのではなく、自分も収集して考え、元気な

うちから備えておくことの大事さを、改めて強く感じたのである。

(2)「すごいなあ!」と思った2人の女性の「老い支度」——その①

姉、甥夫婦、姪夫婦が身近にいるXさん(80歳)の場合

《Xさんのプロフィール》

1938年(昭和13年)生まれ、80歳・女性。車で10分ほどの距離に、姉(85歳)と同居の甥夫婦が居住。姪夫婦も近くに住む。年金権がつく50代半ばまで金融機関に勤務。シングル。

倒れた時のことは、「まだ考えていない」「成りゆき任せ」「誰かがどうにかするだろう」と言う人が多い中で、「うわー! すごい。老い支度、死に支度とは、若いうちからこうい

う形でしていくものなのか」と、驚き、学ばせてもらった2人の女性がいる。

生涯シングルで生きてきた80歳のXさん、91歳のYさんである。

Xさんは、「私は結婚しないと決めた時から、老後に向かって生きていっているんで、早くから老い先のことを考えておかねばと考えて生きてきました」と語り、Yさんも、「私は一人ですから、倒れたら後は誰かに頼まなきゃいけないとずいぶん若い時から考えてました。真剣に取り組み始めたのは、母が亡くなった48歳からです」と語っていた。

しかし、身近に姉、甥、姪が住み、その助力を受けられるXさんと、5人姉妹の一番下で、存命の姉も年老いて、甥・姪も遠方に住み、その助力を受けられないYさんとは、「老い支度」「死に支度」のあり方も異なっていた。

そこでまず、姉（85歳）、甥（62歳）、さらに姪（65歳）が、自宅から10分ほどの距離に住み、関係も良好なXさんが行ってきた「老い支度」「死に支度」から見ていこう。

ひとり暮らしの場合、「老い支度」として大事なのは、いよいよ弱った時、どこで誰と住むか、倒れた時、誰にまず発見してもらうかという問題が大きいが、Xさんの場合、48年間住み続ける現在の住居を33歳の時に選んだ時点で、すでにそのことを考えて物件を選んだのだという。

Xさん「今の借家に33歳から48年間住んでるんですが、借家にした理由は、自分で家を持つと、最後はそれを処分しないといけない。でも、家主がおれば最小限で済みます。それに、倒れた時に第一発見者がいないといけないと思って探しました。とにかく家主が身近にいれば、何かあっても相談できるじゃないですか。後始末も楽だし。鉄筋の家で、私は1階部分の半分。家主が2階です」

さらにXさんは、住まいとは別に、介護が必要になる将来に備え、53歳の時に、ある施設の一室の終身利用権も購入していた。

Xさん「53歳の時に確保したのは、病院が2階にあり、〝歳をとって病気になればそこに入院可能〟というのをうたい文句にした建物の1階部分の部屋でした。今は別荘にして、歳をとれば終《つい》の住処にしようと思って購入したんです。終身利用権だったから。でも購入から10年後、病院が撤退して、施設の性格がコロッと変わり、20年後の73歳で手離しましたが」

また、それとは別に、Xさんは、60代には福祉関係の学習グループに属し、数多くのケア施設見学も続けていた。

その中で、次の結論に達し、一時ケア施設探しを中断したものの、80代が間近になった78歳から、今度は本気で入りたい施設を探し始め、現在はその途中だと言う。

Xさん「ある特養を見学した時、そこの利用者さんが、『わしらがここの施設を出る時は死ぬ時だから』と言われてね。そんなのを聞いて、たしかに老人ホームというのは終身刑のような気持ちで入る所だと思って、一時探すのを中断してました。

でも、今、切羽詰まってきたですね。物忘れがひどくなるし。80歳のここまで生きたら、ああ！　御の字よという気持ちになってきたんで、もうケア施設に入ろうかという気になって。78歳の時、サ高住（サービス付き高齢者向け住宅）へ見学に行った時には、身に沁みました。以前は右から左に通り抜けた説明が、ちゃんと骨身に響いてきました」

33歳の頃から、倒れた時、誰に発見してもらうか、その後の「ヨロヨロ」期をどこで過ごすかについて考え、その都度、可能なことを選び、行動してきたXさん。その生き方を聞きながら、私は自分の甘さ加減を痛感し、「そこまで考えて生きて来られたんですねえ！」と、ただ連発するだけだった。

「死に支度」も徹底

さらに、Xさんの場合、「死に支度」、つまり「終活」の仕方も徹底しており、話を聞きながら私は、「なるほどねえ」と何度も繰り返した。

その内容を、Xさん自身による「死に支度」の記録から見てみよう。

①63歳時。３００万円の預金の通帳とカードを姉に託す。山登りなどをする自分が行き倒れになった時など、不慮の事故などに備える金として。

②75歳時。メモ類、右記通帳などを姉から甥へ引き継ぐ。高齢の姉に代わり、甥を主たる責任者に変更。

③75歳時。葬儀式場の予約。葬祭料24万円。甥とその妻、姉、私で下見し契約。
④78歳時。死後の始末、葬式、住居の始末、諸届は甥が責任をもって行うことを約束。通帳メモ類他の保管場所を甥に示す。尊厳死の宣言書は甥に見せた。さらに、いざという時のために自宅の合鍵も甥に預ける。
⑤80歳。X家の墓じまい。祖先の骨は姉の嫁ぎ先の「家」墓へ、墓じまいの代行を甥に依頼。墓じまいの延長で現在の住居の不用品、ごみ処理を甥が遂行。100万円。
⑥その他、白内障や他の病気で入院手術した際には、姉、甥、姪が保証人。手術前の説明も聞き、見舞いにも来た。その都度お金を支払う。

このような形で進めてきた「死に支度」が、80歳の今年「墓じまい」をしたことで、一応終了したと考えるXさんは、現在の心境を次のように語った。

Xさん「墓じまいをして肩の荷が軽くなりました。死んだ後の葬儀、その後の死後の諸届、死亡届とか年金の停止とか、公共料金の解約とか居所の始末とか。あれも全部頼むねと言ったら、それは僕がやる気でおると甥が言ってくれたから。書面にはしてないで口約束だけど。一つ一つ詰めていかねば死んでも死に切れんけど、それを詰めたからね。保証人が必要な時には甥がやってくれると思うし、尊厳死のこともこうしてほしいと文章を書いて、意識がなくなったらお医者さんが甥に尋ねればいいようにちゃんとした。あと残っているのが、介護・看護してくれる人だけど、それは別個に考えた方がいいと思うから。入る施設はこれから他に見て歩いてね。それから決めようと思う」

Ｘさんの話を聞きながら、私が「すごいなあ」と思った点がいくつかあった。

まず、「倒れた時のことなどを考えるのは暗いこと」と言う人がいるが、Ｘさんは明るく意欲的で、施設探しも自分で情報を探し、「自分で何もかにもせんと駄目だと思っているから」と、一人で見学に行くと言う。これはこの年代の女性では珍しいことである。

さらに、甥に保証人など重要な事項を依頼しているが、必ず、姉、甥、甥の妻の３人同席の場で話を進めるのだという。

Ｘさん「そういう話の時は、姉と甥夫婦、３人一緒の時にするんです。３人が納得してくれないと、何かする時絶対うまくいきませんからね。葬儀の件についても４人で一緒に葬儀社に行って、前金を払って契約してきました」

さらに、何か右記のような取り決めをして、それを行ってもらった場合、必ず相応の金銭授受がなされていることである。それもきちんと「ありがとう」と感謝の意を伝え、その金額を支払う理由を口頭で説明し、お金を手渡すという。

一見、こうしたことは易しいように見えて、「近親者がするのがあたりまえ」とする金銭感覚の場合、案外難しいことかもしれないと思ったのである。

（3）「すごいなあ！」と思った2人の女性の「老い支度」――その②

親族が遠くに住み、一人で「老いの坂」を生きるYさん（91歳）の場合

《Yさんのプロフィール》

１９２６年（大正15年）生まれ、91歳・女性。５人姉妹の末女。母親が末娘のＹさんに老後を託し、手放さない中で、認知症になった母を10年間介護し、その後、残された遺産でシングルを生きてきた。

Ｘさんには「死に支度」「老い支度」を手伝ってくれる甥夫婦や姪、姉といった身近な親族がいた。それにＸさんはまだ、80歳。自分でこれから入りたい施設見学をする足腰の達者さも残っていた。

しかし、Ｙさんは、５人姉妹の末っ子で、存命の姉２人（96歳、93歳）はすでにケア施設に入所し、甥や姪も他県に居住し、頼れる身近な親族がいない。しかも、Ｘさんよりも10歳年長であるＹさんは、変形性股関節症もあって、年々痛みが増し、歩行が不自由になっていた。

かといって、Ｙさんの暮らしは孤立したものではなく、彼女自身が手紙や電話で関係を丁寧に育んできた「他人」とのつながりの中で、「これからもここで、在宅で暮らしたい」と穏やかな日々を過ごしている。

そして、そうした日々を可能にしているのは、Ｙさんが「若い頃から考えて」生活習慣として行ってきた「老い支度」と、89歳の時、ひとり暮らしのYさんの将来への不安を察知した地区の民生委員が紹介した、高齢者権利擁護や成年後見支援などを行うＮＰＯ法人とのつながりである。このＮＰＯ法人とのつながりができたことで、専門支援職者（社会福祉士）との関係が生まれ、制度的支援を受けられるようになったことが、Yさんの大きな安心につながっているのである。

こうしたYさんの暮らしの特徴――長寿者であること、身近に頼りになる子どもや甥・姪などの親族がいないひとり暮らしであること、身じまいのための「老い支度」「死に支度」を早くからしていたこと、専門支援職者とつながったことで最晩年期の安全・安心が確保できたこと――こうしたことは、今後長寿化が進む中で大きく増えていく、「身近に支えてくれる親族を持たないひとり暮らし高齢者の生活」を考える上で、参考となる点がいくつもあった。

中でも、とりわけ私が関心を持ったのは、若い頃から始めたという「死に支度」もさることながら、91歳時に専門支援職者の手助けで決断した変形性股関節症の手術に先立って、Yさんがしていた、いざ倒れた時に備えた「老い支度」の用意周到さ、危機対応のための様々な手続きの進め方、とり方だった。

住処をめぐる老い支度――歳とともに考えに変化

Ｙさんが70代から取り組み始めた「老い支度」「死に支度」には、いくつかのことがあった。

一つは、ひとり暮らしの自分が自力で生活できなくなった時に、世話を託すケア施設を探すこと。さらに、亡き母親が自分に託した墓じまいと先祖の永代供養をお寺さんにしてもらうこと。それに、自分が死んだ後に財産が残った場合の贈与先を書いた遺言書を書くこと。そして何より、自分が倒れた時の保証人になってくれる先を確保すること。

そうした「老い支度」をする中で、晩年期を過ごす「終の住処」をどこにするかについてのＹさんの考えが変わっていっている。

60代には、自己所有の「マンション」を買いたいというのが希望だったのだが、70代には「いいケア施設を探そう」となり、そして、80歳以降から現在までの間に「今の住まいで在宅のまま、最期を迎えたい」という方向に変わっていったのだという。

春日　「お話を聞くと、70代からいろんな所、役所とか行かれたというのですが。何のためですか」

Yさん「ひとりで終わるための準備です。70代には遺言書についての説明会や、関係書物で知って公証人役場にも通いました。それに体力もあったので、住まいもよいケア施設を見つけたいと思ってあちこち見学しました。お金を貯めてマンションを買いたいとズーッと考えてたんですが、『今から住むといっても10年くらいだからやめよう』と思うようになったんです」

春日「80歳ぐらいで死ぬかなと思っていたんですか？」

Yさん「そうなんです。だから、いい施設を探さねばと思うようになりました」

そしてXさんと同様、Yさんも、施設見学は、自分で情報を集め、一人で出かけ、あれこれ値踏みし、結果として当分の間、施設には入らないという考えに70代末には達していた。その理由を次のように語る。

春日「ケア施設は一人で見学されたんですか」

Yさん「そうです。チラシが入ったら一人で見学に行きました。見学してよかったと思うのは、施設ごとに特有の雰囲気があって、利用者さんに大きな違いがあるんです。
ある施設を見学した時、昼食をご一緒にと言われてそうしたら、キラキラのアクセサリーをつけた3、4人の女性の方のグループと、ちゃんちゃんこを着たおばあさんのグループが、ひとつの食堂で食事をなさっている。で、私はちゃんちゃんこを着たおばあさんのグループに行くだろうなあ、でも、食事の時間だけとしてもグループの人に気を遣い、話題を合わせることが自分はできるだろうかと思って。温泉付きだとか、個室だとかの他の条件は気にいったんですが」

春日 「で、それをしなくなったのはなぜですか」

Yさん 「80歳過ぎたらしんどくなって。それに一人がやっぱりいいと思って」

そのような流れの中で、マンションの3階でひとり暮らしを続けたYさんだったが、85歳時に、同じマンションの3階から1階に転居している。「出先で転んで骨折し、通院のためのタクシーが大変だったから」と言う。その話題の中で私が注目したのは次の点だった。

春日 「3階から1階に転居することなど、そういう出来事がないと考えないものですか」

Yさん「そうですね。通院が大変だったんです。治るのを待って転居しました」

春日「大変な事態、出来事が起きてからしか、転居の必要性なんか気付かないものなんですか?」

Yさん「そうですね。それは私の場合そうでした」

聡明で何事にも慎重に備えるYさんでさえ、こうなのだから、備えの必要性などあまり感じていない人の場合、何事かの問題が生じる前にあらかじめ備える行動をとっておくことがいかに困難なことかと思ったのである。

こうした終の住処をめぐる「老い支度」とともに、70代から始めた学習成果として、85歳時に、死去した父親の墓がある長年親交のある菩提寺《ぼだいじ》の住職を受け取り人とした自筆遺言書を書き、その住職に、入院する時の保証人、身元引受人を引き受けてもらっている。

春日「身元引受人は? 手術の時とかの保証人はどなたですか?」

Yさん「お寺さんです。昭和6年に父が亡くなってから、ズーッとお付き合いのあるお寺さんなので。私が死んだら後を継ぐ者がいないのがわかっているし。私の死後も永代供養をして頂けるよう、私の資産を全部と遺言にも書きました」

入院時にも綿密な準備

ところで、こうした70代から始めた「身じまい」を、一人で考え選択し実行してきたYさんを「すごいなあ」と思ったのだが、さらに「すごいなあ、そこまで備えておくものなのか！」と感動さえ覚えたのが、変形性股関節症の手術で２カ月間の入院をする前に、Yさんがしていた「老い支度」と、その準備の綿密さだった。

長年痛みに苦しんできたが、ためらっていた変形性股関節症の手術を、先述のＮＰＯ所属の専門支援職者の強い勧めで決意したのだという。

春日　「入院前にどんな準備をなさったんですか」

Yさん　「ほんと、準備が大変だったんです。私はひとり暮らしですから。新聞を止めて、宅配で取り寄せていた薬やお化粧品も電話で断って、電話番号は全部入力してありますから。それにベッドメーキングもして洗濯物も片付けて。

入院する時はまだ暖かい時期だったんですが、退院の時は寒くなって帰るんだから、入院する時に帰宅した時のことを考えて、ベッドメーキングまでして出たんです。手術直後は重い物を持てないかもしれないから、寝室まで厚手の物を持ってきておこうかとか。

それに、退院する時の荷物とか服とか靴とかも、できることは入院する前に準備しました。退院した日の食事にも困らないように、食べ物も冷凍しました。私はひとり暮らしですから」

それ以外にも、Yさんがしたことがある。Yさんは自宅のベランダで植木鉢に花を育てることを大きな楽しみにしている。そのために入院中、花に水やりをしてくれる人を確保し依頼するだけではなく、家主との交渉を済ませて入院している。

春日　「入院中の郵便物、戸締まりなどはどうされましたか?」

Yさん「家主さんにも入院するという連絡を入れて入院しました。それで、鍵を預けている人のことも家主さんには伝えて。郵便物や、植木に水やりをするためにお願いしたんです。まずはその方に、はじめに御礼を渡しておいて、お願いしました」

「へえ、そこまで手配して入院されたんですか」と私が感心すると、Yさんは、「私は一人ですから」と答えた。

この「私は一人ですから」というのは、Yさんの話を聞く中で、何度も出てきた言葉である。さらに、入院するに当たってそれだけの準備をしているYさんであるから、受診の際に必要な日頃の健康管理、危機対応についての備えも、半ば生活習慣化した形で行っていた。「血圧と体重、脈は毎日測定」し、「お薬手帳や健康保険証、介護保険証はバッグに入れて持ち運びできるように、パッと出せるようまとめています。それと入院グッズもバッグに入れて揃えてます」とのことであった。

90代になって現実味を得た「在宅のまま」への思い

さらに、いざ室内で倒れた時の施錠についても、次のような答えが返ってきた。

春日　「施錠はいつもしてあるんですか?」

Yさん　「いつも鍵をかけています」

春日「施錠している時に、室内で緊急のことがあった場合にはどうされますか」

Yさん「それは家主さんに相談したんです。もし緊急の時はどうしましょうと聞いたら、窓ガラスを壊せばいいんですと言われた。そういう意味もあって1階に転居したんです」

この答えに「へえーっ！　1階に転居した理由として、そんなことも考えられたんですか」と私は舌を巻くばかりだった。

私がYさんの自宅を訪問して話を聞いたのは、退院後の間もない頃だったが、週1回のヘルパーの支援を受けて、大した困難もなく日々の暮らしが可能になっていた。そんな中で、Yさんの目下一番しんどいことは、転倒予防のために夜間だけ使用するポータブルトイレの後始末をすることだという。

春日「手術後、退院した後の今の暮らしで一番しんどいことは何ですか」

Yさん「そりゃあ、一番重荷の仕事は、ポータブルに溜《た》まったお小水を、杖を片手にしながら片付けることです。そんなに重くはないけれど、毎日のことでしょ。朝ベッドメイクする前に捨てるんですが、人に頼めないことですし。ヘルパーさんは『私たちの仕事ですから』とおっしゃるのですが。でもそれは、寝たきりになったら仕方がないと思いますが、今はまだ頼めない。ヘルパーさんは1週間に1回ですし、それまで捨てないで溜めておくことはできませんしね」

しかし、手術前に案じた手術後の暮らしが、少々のしんどさはあっても、大した不自由さもなく過ごせることを実体験として持ったYさんは、「可能ならば、この部屋にこれからも暮らし続けたい」という希望を語った。

70代の時には、ケア施設に入るしかないと施設探しを熱心にし続けたYさんだが、90歳を超えた現在、住み慣れた家で暮らし続けるという希望を現実性のあるものとして持つようになっていたのだ。

シングルで生きた2人から見る、家族のいる人の「依存心」の問題

ところで、生涯シングルで生き、こうした形で「若い頃から」、一人で「老い支度」「死に支度」を「身じまい」の営みとして行ってきたXさん、Yさんからは、結婚し家族を作った同世代の女性たちの、夫亡き後の生き方はどう見えるのだろうか。

Xさん「ご主人を亡くした後、子どもと同居している人で、子どもの世話にはなれない、自分のことは自分でしなければという考えを持っていて、世話になるのはつらいと言う人でも、自分で施設を探したりする気は全くないし、探す知恵も持っていませんよね。自分はこうしたいという、老後についての考え自体がない。だから、自分が足が弱ったり、自炊ができなくなればどうなるかと、悶々として暮らすことになる人が多いですね」

Yさん「私みたいにね、ズーーッと独りで生きてきた者と、ご主人を亡くして一人になられた方とは違うと思いますねぇ。見ててね、なんでそんな、と思うようなところがありますね。へまなことをやってますよね。

やはりご主人を頼って生きてこられた分ね、何かあったら『お父さん、どうする』みたいなところがあって、自分で決められない。決める力がない。

私は自分で決めていくしかないという違いね。私なんか、母親も私にすがるという感じでしたからね。母の入院なんかの時、病院を決めるのも私でしたし。そういう意味では女一人の方が強いですね」

こうはっきりと言われると、「夫、子どもがいる私自身にも根深い依存心があるなあ。でも、『どうにか妻がしてくれるだろう』と、その私に依存している夫の方が、いざという時もっと窮地に陥るだろうなあ」、そう思ってしまう私がいた。

と同時に、そうした形の相互依存の中で、何の備えもしないまま、ひとり暮らしになり、80代、90代の長寿期に突入する人たちが大量に増えていくのが、これからの時代である。

そうした時代、家族を作るという生き方をしてきた人たちが、家族への依存心を乗り越えて、自分で考え、選び取る「老い支度」「死に支度」をすることは、シングルであるために否応なくそういう生き方をせざるを得なかった女性たちに比べ、さらに大変なことになる。そうした依存心を乗り越えてひとり暮らしに自分で備えていける人がどれくらいいるだろうか。でも、それができない人ばかりだと、大変な時代になってしまうと、改めて思ったのだった。

第6章　今、何が求められているのか
――「成りゆき任せ」と「強い不安」の間

（1）自力では備えられないこと

「ひとり暮らしの頑固な高齢者」の問題は重大

A会員「ひとり暮らし問題で一番問題なのは、助けを求めない、つながらない人をどうするかだと思うのよね。自分はそうなっちゃいけんと思うけど、歳をとるとそうなるかと思うと怖い!!」

B会員「81歳で軽い認知症の友人がいるけど、受診した方がいいと言っても絶対行こうとしない。私は頭の方は正常、足腰が弱ってしまっただけと言って」

C会員「私の知り合いは現在86歳だけど、いろんな情報を伝えようとしても、いくら言っても受け付けない。90歳までは大丈夫と言って。それでも教えようとすると、あんたはいい人だけど、一番の欠点は真面目過ぎることだと私に教えようとする。本当は困っているはずなのにそう言うんよ」

私が属する「高齢社会をよくする女性の会・広島」が、2カ月に一度開く「おひとりさまカフェ」での会話である。カフェを始めて4年、参加資格は原則「おひとりさま」。だが、子どもがいない夫婦暮らしや、子どもがいても頼れない人、親や友人がおひとりさまの人なども交じる。

この日の会話は「ひとり暮らしの頑固な友人・知人」の話で盛り上がり、この話題が持つ意味を掘り下げることなく終わっていた。

しかし、今回「老い支度」に関心を持ち、この時の記録を読み直し、改めて、ことの重大さに気づいたのである。

ここでの話を、「老い支度」という点から考えると、いくつかの問題点が浮かび上がる。

まず、「そうなるかと思うと怖い」と現在感じるのなら、「怖い」事態に陥る前に、何をどう備えればいいのかという問題。

次に、親しい友人・知人の助言さえ受けつけず、「助けを求めない、つながらない人」は土壇場まで行くしかないのか。土壇場に行く前に、何か打つ手、つまり公的支援制度はないのか。その支援に誰がつなぐのか。

これらは「孤独死」の予防策にもつながると考えたのである。


ところで、前章で「老い支度」「死に支度」を感心するほどやり遂げていたXさん、Yさんは、こうした問題に対しどのように備えていたのだろうか。

前章で見たのは、現在の時点では、判断能力、自己決定能力を失っていない元気なXさん、Yさんだからこそ、できる備えに限られていた。

しかし、自己選択力、自己決定力を失った時こそが、自分を見守り、権利を擁護してくれる家族がいないひとり暮らしや老夫婦の危機である。そうした時に備え、2人は何をしてきたのだろう。

「自己決定力を失った後」のために備えることの難しさ――制度的制約がある

まず、Xさんの場合である。「死に支度」に関しては、彼女は、「一つ一つ詰めていかねば死んでも死に切れんけど、それを詰めたからね」と言うほどやり遂げていた。

しかし、自分が倒れた後に関しては、次のように述べる。

春日　「Xさんにとって自分が倒れた時、誰にみてもらうかがこれからの問題ですね。それについてはどんな準備をされてますか」

Xさん　「そうなんよ。死んでからのことは大方済んだんだけど、倒れてから誰にみてもらうか。これが大問題で、どうすればいいかがわからない。いっぱい施設があってもね、どこへ入ればいいのかがわからない。

それに『いいケアマネージャーを見つけるのが大事、包括（地域包括支援センター）に相談すればいい』と教えられたんだけど、どこかが悪くならんとケアマネージャーはつけれんでしょ。乳がんの手術をした時、『動けなくなったらどうしたらいいですか』と包括に聞きに行った。そしたら『ああ、そうなった時に来てください。その場になったらケアマネと何とかと何とかが3人行きますから』と言われた。その場になってからと言われると、準備にはならんのです」

ここで注目すべきなのは、Xさんが「倒れた時のことはどうすればいいかわからない」と語る事実である。

施設に入りたいと思えば、サービス付き高齢者住宅一つを例にとっても、施設ごとにその内容は異なる。食事サービスの有無、介護事業所やデイサービス併設の有無、24時間介護・看護サービスの有無、認知症対応の有無、看取りの有無などなど、数多くある中から、力の落ちた高齢者が一人で選び取っていくのは至難のことである。

さらに、倒れた後のケアマネージャーの大事さを学び知るXさんが、倒れる前にケアマネージャーとつなぎをつけておきたいと思っても、制度的にそれはできない。ケアマネージャーとのつながりは、介護保険制度上、要支援・要介護の申請、認定が起点であり、倒れる前に相談に行っても、「その場になってから」と門前払いされてしまい、「準備にはならない」領域となる。

次にYさんの場合である。

身近に頼みとする親族がいない91歳のYさんにとって、倒れた時の問題はもっと切実で、80代半ば過ぎに彼女は、身元保証サービスや日常生活支援サービス、死後事務サービスなどを行う身元保証等高齢者サポート事業所（経営破綻した某協会）の存在を新聞チラシで知り、担当者に自宅まで訪問してもらっていた。

Yさん「そういう所があることをチラシで知って、一度会ってみようと思ったんです。すると男の方が見えて、『まずは120万円の1年分のお金を払っていただいて。月に1回ご様子を見に参ります。ちょうど近くなので、僕が来ます』と言われる。『えっ、この人が来るの？　そんなことしていらない、私が連絡した時に助けてくれさえすればいい』。そう思って契約はしなかった」

母親と2人暮らしで、仕事先でも男性と接触する機会がない中で生きてきたYさんにとって、仕事とはいえ、見知らぬ男性が月に一度訪問すると聞いただけで恐怖で、早々に断ったのだと言う。

信頼する身近な人の介在もなく、チラシで探した事業所を軽々しく信じ、一身を預ける決断の危うさは、第3章で登場した、短期間に多額の金を悪質業者に奪取されたRさんの例で見てきた。

そういうわけで、Xさん、Yさんともに、結局は、病気で倒れた時や認知症で自己決定能力を失った時に、医療や介護につながる有効な備えがないまま日が過ぎていたのである。

2人の例が示すのは、自己努力によってかなりのレベルまで「老い支度」をしたとしても、肝心の「いざ倒れた時への備え」は「成りゆき任せにするしかない」制度的制約がある事実である。

一人ではできなかった「つながり」がNPO法人の介在で可能に

しかし、Yさんの場合、彼女の不安を察知した地区の民生委員を介し、NPO法人とつながり、専門支援職者（社会福祉士）の支援で、制度的支援を受けることが可能になり、それが「安心」につながっていた。

Yさん「信頼する民生委員さんが、私が心細がっているのを見て、『本当にこの人、心細いんだわ』と思われたんだと思います。それで、知り合いの社会福祉士さんを紹介してくださって、ＮＰＯとつながったんです。契約したのは89歳の時です。だんだん心細くなって、いつかこういうのにすがらなければと思っていたんです」

支援を受け始めたことで、Ｙさんの暮らしはどう変わったか

Ｙさんの場合、変形性股関節症で「このまま放っておくと寝たきりになります」と医師から手術を勧められたが、入院への不安が強く、長年痛みに耐えてきていた。Ｙさんのこの不安な気持ちを、専門職（医師・社会福祉士）が受け止め、入院へ対処し、手術を決断。それも、痛みがひどくなり、大好きな台所仕事に支障が出てきての切羽詰まってのことだった。

何事にも慎重で、不安感もそれなりに強いＹさんの場合、「成りゆき任せ」のままであれば「寝たきりになるリスク」が、手術することで回避され、生活の質が大きく改善されていた。それが可能になったのは、専門職者の支援があってこそといえるだろう。

Ｙさんが作る社会関係、支援力が、ＮＰＯ法人に加入する前と、加入して入院・手術した後とではどう変化したかを見てみよう。【図6】と【図7】とを比べてみると、大きく変化している。

【図6】Yさんの手術（入院）前の状況

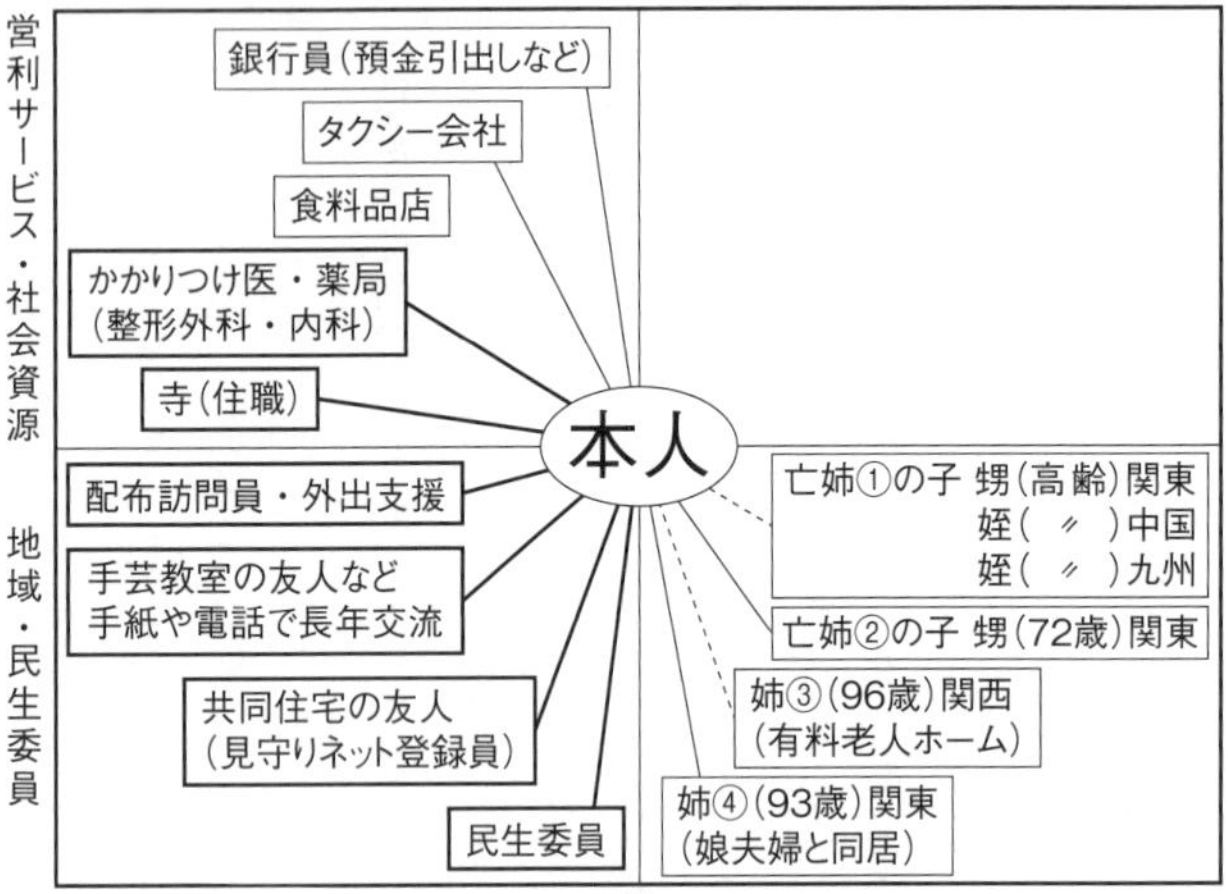

【図7】Yさんの手術（退院）後の状況＝現在
（【図6】から追加された内容）

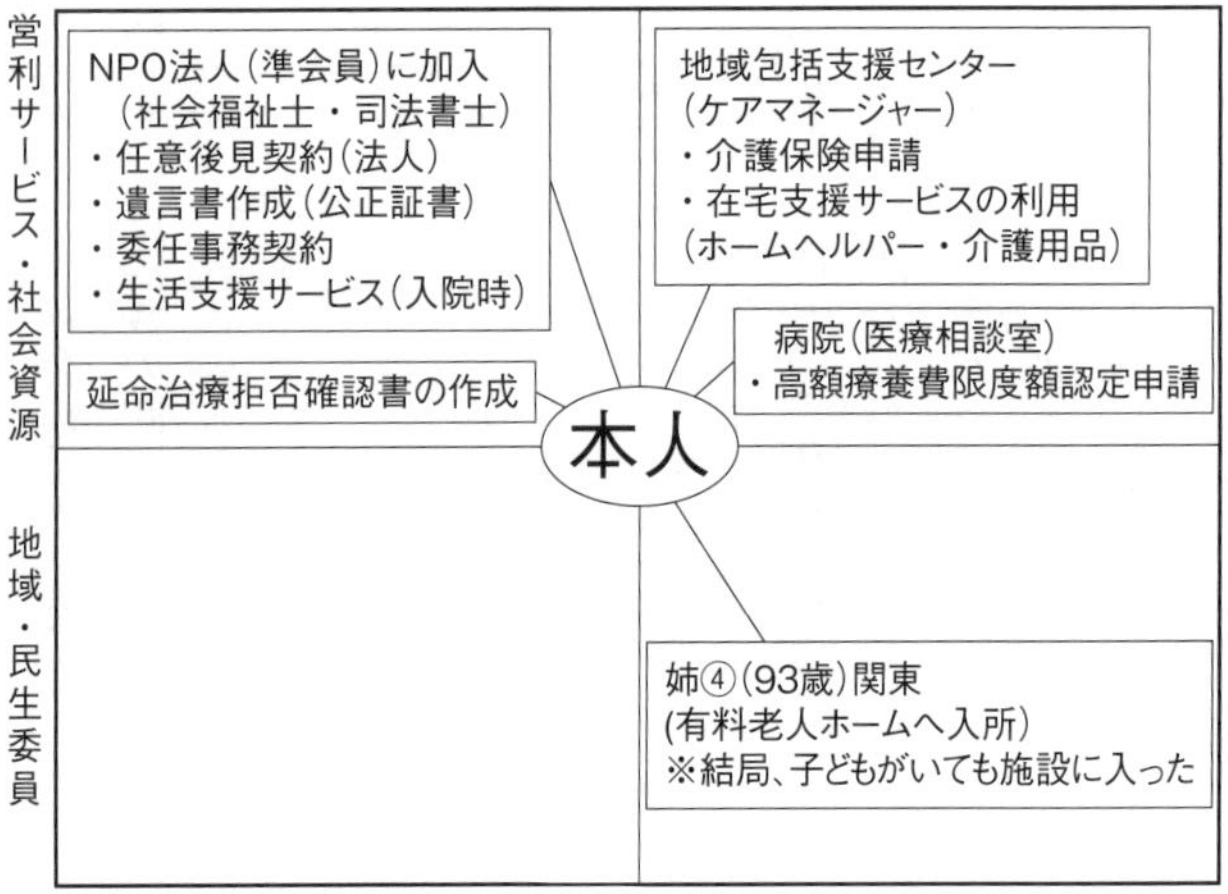

※公的制度等へのつなぎ役：民生委員 → 専門職（社会福祉士）

まず、【図7】に見るように、社会福祉士、司法書士の支援を受け、NPO法人との間に、任意後見契約と同時に委任事務契約を結ぶことで、公正証書による遺言書作成、延命治療拒否確認書の作成のみならず、医療契約、入院契約、介護契約、福祉サービス利用契約時の支援などによって、一人ではできなかった、地域包括支援センター、ケアマネージャーとつながり、介護保険申請、在宅支援サービスの利用が可能になっていた。

不安と自尊心のはざまで

ところで、私はYさんの話を、入院前と入院後の2回、聞きに行っている。その際、担当支援者に同行してもらったのだが、2回目の訪問時の支援者とYさんとのやり取りが、非常に興味深かった。支援者がYさんに2つのアドバイスをしていたのだが、Yさんの反応がまるで異なっていたのである。

まず、1つ目である。

支援者「Yさんは今は元気だから、医者にこれまでの病気について言葉で全部言えますが、しゃべれなくなった時に、誰がそれを医師に伝えることができますか。そんな人はいませんよね。何か書いたものがありますか、既往歴の記録が」

Yさん「それは病院に行けばあります。先生の所にカルテが、内科も整形もね」

支援者「いや、病院にはあるだろうけど、あなたの頭にしかそれはありませんよね。だから、倒れた時に民生委員さんや私とかが、この人の状況はこれですと言って示せるような記録があればいいと思うんだけど」

支援者のこのアドバイスに対してYさんは即座に、「それはどんな風にして作るんですか」と身を乗り出していた。

だが、2つ目のアドバイスに対しては抵抗があったのだ。

支援者「Yさんは、いざという時の連絡手段が、固定電話の子機だけですよね。センター方式の緊急通報システムというのがあって、ペンダントみたいに首にかけたり、室内にポンと置いていてもいい。いざという時、声を上げると、応答し、助けが入るというものがあるんですが、Yさんは、子機でまだ間に合うという気持ちが強いですか」

Yさん「私は自分がそこまでダメになっていると思えないんです。だって何でもできるんですから。自分があんなになるかなあという思いがあるんです。まだ自分は、元気で何ともないし、よく眠れて、何を食べてもおいしいですし。倒れたらどうするかなどとは今は考えない。今のところ、気をつけている毎日ですから」

これを聞いて、あれほど老い支度をしてきたYさんが、なぜ緊急通報機器の設置にはこれほど消極的なのだろうかと思ったのだ。そして、第2章で引用した「寝たきりという日常生活の中断、介護を受ける境遇という体験をするまで、自分が〝歳だという実感〟を持てなかった」という瀬戸内寂聴さんの発言を思い出し、Yさんも、手術後に一時的に世話を受けることは許容できても、世話を受けるのが常態化する境遇になることには強い拒否感があり、「そこまでダメになっていない」と自尊心を傷つけられた気がしたのだろうと思った。

そして、Yさんほどの人でもそうだとしたら、「おひとりさまカフェ」で話題となった、問題を抱える友人・知人が、独力で受診したり支援を求めることは至難のことで、土壇場まで「成りゆき任せ」で行くしかないのが現状だろうと思ったのである。

医療との関わりにおいて家族が果たす9点――担い手のいない長寿者の危機

ここまで、前章と本章で、老い支度、死に支度の実情について見てきた。老い支度、死に支度を、可能な限り自力でしておく必要が高まっている背景には、何度も言うが、最晩年期の暮らしを家族に見守られ、死を看取ってもらっていた日本の高齢者が、ひとり暮らしや老夫婦暮らしが増える中で、それを失っている家族の変化がある。

それも、長寿であればあるほど、子世代が先に逝く逆縁リスクが高まり、自ら備える必要性は高まっていく。私が話を聞いた元気長寿者の中にも、数人の逆縁体験者がいたことは、すでに述べてきた。

ところで、こうした家族の誰かが病気に罹った時に、医療との関わりにおいて他の家族員が果たす役割として、法学者、唄孝一さんは次の9点を挙げていた。

1. 医療呼び込み人として
2. 医師＝患者間の情報連絡拠点として
3. 意思決定者として
4. 看護者として

5．介護者として
6．費用負担者として
7．復帰先として〔復帰が前提であるが、常にそうなるわけでない〕
8．治療打ち切り申し出人として

……………………………………

9．遺族として→死体管理者として
- 葬祭主宰者として
- 臓器提供者として
- 離れ難さに悲しむ者として

（唄孝一「家族と医療・序説」、唄孝一・石川稔編『家族と医療』弘文堂、1995年、10頁）

この著書が出版された1995年当時は、介護保険制度はまだ開始されておらず、高齢者が倒れた時、家族が面倒をみるしかなかった。だから、ここに挙げられた9項目を出版当時に読んだ時は、家族の機能に関わる知識としてのみ理解していた。

しかし、今の私には、この9項目が、老い支度、死に支度に関わる具体的事柄として実感を伴って迫ってくる。この間の変化がそれほど大きいのだ。

ひとり暮らしのXさん、Yさんが、元気な間にすでに自力で備えていたことは、このうちのどれだろうか。

介護や看護、葬式時の「費用負担」、延命治療拒否確認書を作成することによる「治療打ち切り申し出」、さらに甥夫婦とともに葬祭会社を予約する形の死後の「葬祭主催」の委託。

加えて、専門支援職者がYさんに勧めた詳細な既往歴の作成は、「医師・患者間の情報連絡」の一助になるだろうし、緊急通報システムの設置をすることが「医療呼び込み」につながるかもしれない。

施設入居を希望するXさんの場合、ケア付き高齢者施設に入居すれば「医療呼び込み」「看護者」「介護者」「復帰先」の確保は可能になるだろう。

しかし、「今の住まいにこれからも暮らし続けたい」と願うYさんの場合、もし、身近に見守ってくれる民生委員がおらず、NPO法人にもつながっていなかったら、どうなっただろうか。おそらくつながりを持つ現在以上に孤独死リスクが高まっただろう。

しかし、現代日本の長寿期を生きるひとり暮らし高齢者、老夫婦暮らし高齢者のうち、見守りをしてくれる民生委員や、信頼できるNPO法人や事業所が提供する支援サービスを持つ人がどれくらいいるだろうか。また、そうしたNPO法人や事業所がある地域はどれくらいあるだろうか。かなりの都市規模にならないと、そうしたものは不在で、あったとしても、雨後の竹の子のように乱立するサービス業者の中には、信用性が低い業者も含まれるという。

だとすると、どこを信用していいかわからない中、どことも誰ともつながらず、制度上は「成りゆき任せ」で土壇場まで行くしかない長寿者が多数生み出される。かつて、空気のように家族が果たしていた役割を、身近で果たしてくれる頼りになる人を持たない高齢者、とりわけ何の備えもない人の場合、危機に陥るリスクが高くなる。それも長寿であればあるほど。それが日本の現状だろう。

（2）制度に何が求められているか

「成りゆき任せ」の陰に、制度の問題がある

繰り返しになるが、私が元気長寿者やアクティブに活動する高齢者の話を聞いていこうと

思った背景に、次の2つの問題関心があった。

各種高齢者意識調査の結果、高齢者の「日常生活不安」としては、どの調査結果でも「健康や病気のこと」「介護が必要な状態になること」が高い割合を占める。

たとえば「一人暮らし高齢者に関する意識調査」の結果を見てみよう。「日常生活の不安」で上位を占めるのは、「健康や病気のこと」が58・9％、「寝たきりや身体が不自由になり介護が必要な状態になること」は42・6％で、こうした不安が、他の「自然災害」（29・1％）、「生活のための収入のこと」（18・2％）といった問題に比べても、非常に高い割合を占めるのである（【図8】）。

にもかかわらず、支援現場では、「成りゆき任せの高齢者が多い」という支援者の声が多く、事実「倒れたらどうされるつもりですか」という私の質問にも、「成りゆき任せ」「誰かがどうにかしてくれるだろう」という人が多かった。

一見相反するこうした高齢者の反応に対し、「いったいなぜ、健康問題や介護問題に対して強い不安を持つ人が多いにもかかわらず、〝成りゆき任せ〟という人が多いのか。強い不安感があるのなら、何らかの備えによってそのリスクを少なくする動きをしてもいいのに、なぜそうならないのか」。それが第一の問題関心だった。

【図8】日常生活の不安

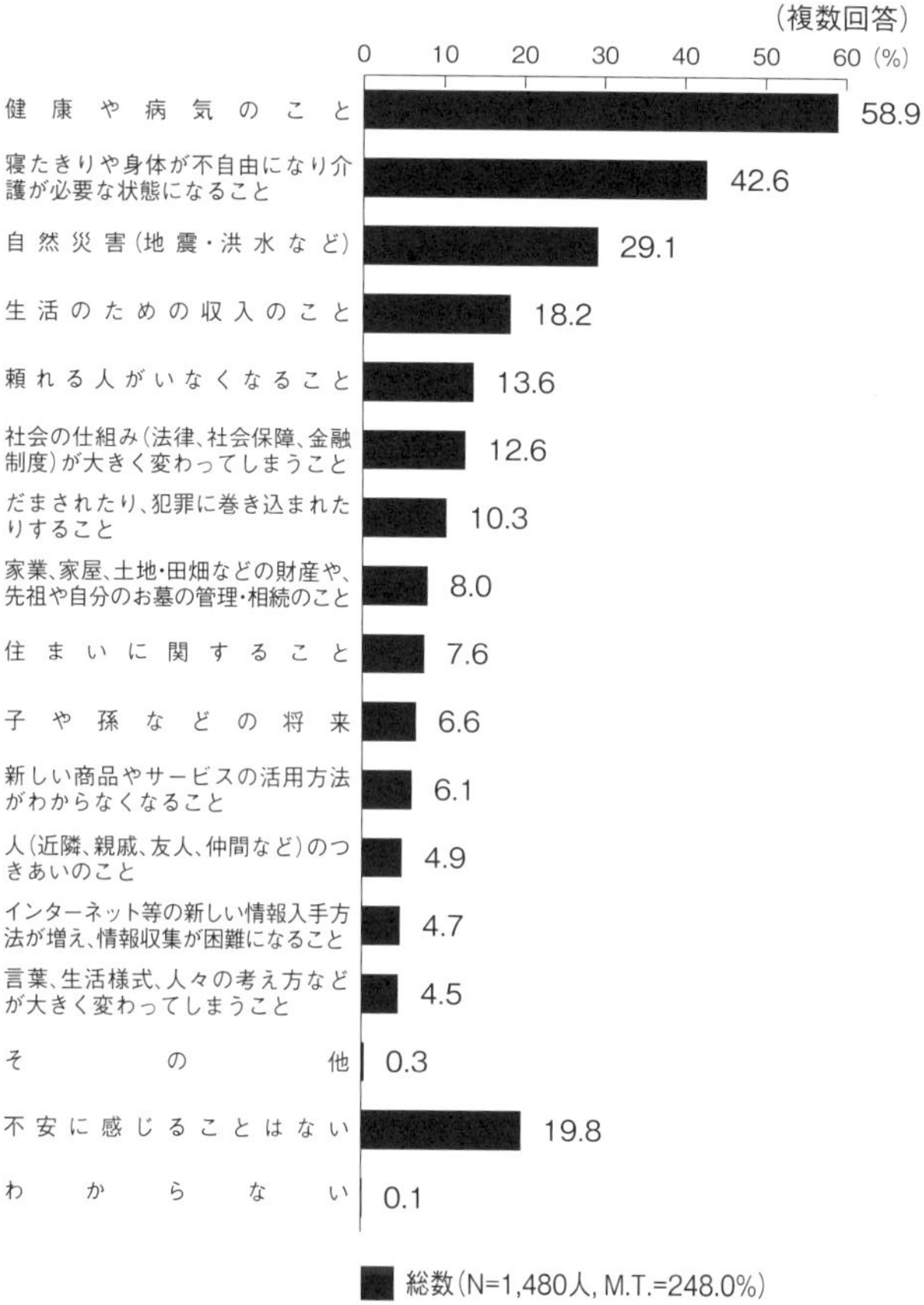

[出典]平成26年度一人暮らし高齢者に関する意識調査結果(内閣府)

さらに「『力がない人は仕方がないが、力がある人は自分で備えてほしい』という支援者の声が多いが、『じゃあ、元気な間にいったい何を備えておけばいいのか』」という問題だった。

そしてそうした問題関心から、経済的には困っていない「元気長寿者」、アクティブに活動する高齢者の話を聞いていった。

そして、その結果、「成りゆき任せ」に生きる高齢者個人の生き方が問題であるかのように見えた背景に、制度上の問題が関わることがわかってきた。

まず、「老い支度」「死に支度」を「成りゆき任せ」にせず、可能な限り自力で行っていたXさんの事例を通して見えてきたのは、「成りゆき任せ」にならざるを得ない原因の一端に、介護保険制度上の問題が関わる事実だった。

介護保険の利用は、「自己選択」「自己決定」能力を持つ高齢者自身が、手続き・契約することで成り立ち、その手続き・契約開始の起点は、病気やケガで倒れ、サービス利用を必要とする時点にある。介護サービスが必要だが、申請に至らない高齢者の発見につながるアウトリーチ機能をケアマネージャーは持っていない。

だから、私の「倒れた後どうするつもりか」という質問に対し、「成りゆき任せ」と答えるしかない高齢者がいても不思議ではないのだ。

加えて、長年、変形性股関節症の痛みに耐え続けたYさんの事例で見たように、「日常習慣化した日課」を果たすことで「元気」を維持する長寿者の場合、生活の変化を嫌う傾向が強い。そのうえ、年々変わる介護・医療制度の知識にも疎く、介護保険の手続き契約をどこでどうするかさえ知らない人も多い。

長寿化が進み、長寿のひとり暮らしや老夫婦が増えれば増えるほど、こうした土壇場一歩手前の「ヨロヨロ期」の高齢者の不自由な暮らしに、誰がどう介入し支援するかという問題が深刻化する。

権利擁護という点では、成年後見制度があるが、それは自己決定能力をさらに失った人が対象で、かつ財産管理などが中心で、保険・医療サービスの利用に関する支援は限定的である。しかし、施設から在宅への流れの中で、これから増大するのは、在宅で暮らすこうした「ヨロヨロ期」長寿者なのである。

支援につながる仕組みと、信頼性の担保

そうした中で、制度的取り組みとして、何がなされるべきだろうか。

前者（介護保険制度上の問題）については、厚生労働省が今年（2018年）、これまで別々に行われてきた保険事業と介護予防を一体化する方針を打ち出した。

具体的に述べると、

①介護予防として行われる地域サロンなどの「通いの場」を保健師らが定期的に訪問し、
②保健指導や健康相談などを実施し、
③そこで得た情報をかかりつけ医などと共有し、
④かかりつけ医がその情報をもとに高齢者に受診を促す。

こうした道筋で、「ヨロヨロ期」状態でリスクの高い人の発見・治療につなげるという新たな方針である。こうした取り組みがなされることで「成りゆき任せ」の人でも支援の対象となる人が出てくるだろう。

しかし、住民主体の「通いの場」に参加するのは、厚生労働省報告で、2016年では高齢者人口のわずか4・2％のごく少数者である。したがって、こうした「つながる力」を持たない人を、誰がどういう形で支援していくかは、依然として今後も残る問題である。

さらに、そうした取り組みとは別に、早急に求められるのが、後者の「玉石混交といわれる身元保証等高齢者サポート事業の信用性を、国がどう担保するか」についての取り組みだろう。

内閣府の消費者委員会は「身元保証等高齢者サポート事業に関する消費者問題についての調査報告」で、その現状と制度的不備を次のように指摘する。

「日常生活自立支援事業や成年後見制度においては第三者によるチェックがなされているが、身元保証等高齢者サポート事業においては事業の適正確保に関する定めはなく、必ずしも適切な事業運営がなされているとは限らない」

したがって、

「消費者庁及び厚生労働省は、関係行政機関と連携して、……消費者が安心して身元保証等高齢者サポートサービスを利用できるよう、必要な措置を講ずること。

必要な措置を講ずるに当たっては、例えば以下の内容が考慮されるべきである。

①契約内容（解約時のルール等）の適正化、費用体系の明確化（モデル契約書の策定等）
②預託金の保全措置
③第三者等が契約の履行を確認する仕組みの構築
④利用者からの苦情相談の収集、対応策、活用の仕組みの構築」

が必要という提言である（消費者委員会「身元保証等高齢者サポート事業に関する消費者問題についての調査報告」２０１７年）。

そして、こうした問題点が改善されれば、力がある人の場合、法人や業者と契約する形で、いざという時の備えを自力でする人も増えるだろう。

先に述べた、私が関わる「おひとりさまカフェ」のメンバーの一人が、ある日、思い詰めた口調で、「どの業者を信用していいのかわからない。だから、将来のことは考えない、悩まない。〝その日暮らしをする〟ことに決めた。一日が楽しく過ごせればいい。その方が楽！」と語り出した。

情報を集め、信頼できる事業所やＮＰＯ法人がないかと探し続けてきた彼女の、それまでの苦労と努力を聞いていただけに、一見投げやりに聞こえる「その日暮らし」という言葉が、私に重く響いた。

明日の不安を軽くするための有効な方法がない時、人は絶望するしかない。絶望しないためには、明日のことを考えない「その日暮らし」の方がまだ救われる。私は彼女の言葉をそう解釈し、彼女の深い絶望を感じとったのだ。

そして、彼女のように、元気な間に自力で何とかしておこうという意欲を持つ人さえ、「成りゆき任せ」にするしかない状況を打開するためには、こうした法人や事業所の信頼性を担保する国の取り組みが、切実に、そして早急に必要だと思ったのである。

「老い支度」「死に支度」を可能にするための２つの社会的課題

ここまで、「老い支度」「死に支度」に、若い頃から取り組んできたひとり暮らしのＸさん、Ｙさんの事例を見てきた。

そこから見えてきたものは何か。それは、どのように熱心に取り組んだとしても、個人の努力には限界があり、その限界が、国の制度に大きく関わっていた事実だった。

そして、そこから2つの制度的課題が見えてきた。

まず、体力・気力も落ち、物事を処理する力が衰える長寿期を生きる人が増えるこれから、ひとり暮らし、夫婦暮らしで、自力では支援につながる力を持たない人たちが、土壇場までいく前に、医療や安心できる場につなげていく社会的仕組みの整備の必要性。

そして、自分を見守り、権利を擁護してくれる人を身近に持たない長寿者の場合、自己決定能力を持つ元気な間に、いざ倒れた時に備え、安心して自分を委ねる相手を選んでおけるようにするために、暮らしを助け権利を守る役割を持つ相手の信用性を高め、確実なものにしていく社会的仕組みの整備の必要性。

この2つの課題は、今後さらに長寿化が進み、家族に守られた晩年期を生きることができない長寿者が急速に増えていく社会の中で、早急に取り組まれるべき制度的課題といえるだろう。

Xさん、Yさんの「老い支度」の限界性という個人的問題は、現行制度の限界性という問題につながっていたのである。

終章　長寿時代を生きる「身じまい」のすすめ

（1）予測される「長寿期高齢者家族」の形と、先行調査結果に見る「備え意識」

「お年寄りの家族」のかたち――2035年にはどうなるか

結婚しないで早い時期から老い支度、死に支度について考え備えてきたXさん、Yさん。そうした人生を生きてきた2人には、夫・子どもがいる同世代の女性たちの生き方は、「何かあったら『お父さん、どうする』みたいなところがあって、自分で決められない。決める力がない」「自分はこうしたいという老後についての考え自体がない」と見えていた。

しかし、結婚した女性のみならず、男性も、80歳を超えた長寿期を「老夫婦2人」もしくは「一人」で生きる備えと覚悟が必要になっている時代。それが現代日本である。

背景には、長寿化と、同時期に進行した家族の変化の2つがある。

まず、長寿化の方だが、繰り返すが、日本の平均寿命は1990年には、男性75・92歳、女性81・90歳だった。それが、2017年には男性81・09歳、女性87・26歳。さらに、団塊世代が80代半ばに達する2035年には、男性82・39歳、女性88・90歳に達すると予測される。

平均寿命とは別に、現在、死亡者数が最も多い年齢は、男性87歳、女性92歳だというが、長寿化の中で、平均寿命を超えて、90代、100歳代の人生を生きる人が、今後大きく増えていくだろう。

一方の、家族変化を見てみよう。世話を必要とするようになった時、高齢者が誰に世話をしてもらうかも大きく変化している。家族介護を受ける高齢者の、介護の担い手の割合の変化を見ると、「同居」の家族が担う割合は、2001年の71・1%から2010年には64・1%へ、2016年には58・7%へと減少し、その分、別居家族や介護サービス事業者が担っている。その間、かつて主流だった「子の配偶者（ほぼ「息子の妻＝『嫁』」）が担う割合は、22・5%↓15・2%↓9・2%と、半減している（「国民生活基礎調査」結果）。もはや、息子家族と同居し、「嫁」が老いた夫の親の世話をする時代ではなくなっている。

さらに、そうした家族変化は、今後も勢いを増して強まることが予想されている。

国立社会保障・人口問題研究所の小山泰代さんによる、２０１０年と２０３５年を比較した「高齢者の居住状態の将来推計――結果の概要」をもとに、80代高齢者の家族の将来変化を見てみよう。

２０１０年、２０３５年の80代といえば、ちょうど団塊世代とその親世代の80代に重なり、現在70代の人たちが、自分の未来を知る手がかりになるだろう。

２０１０年の80代と２０３５年の80代を比較すると、まず、男性の場合、80代で「子と同居世帯」割合が減少し、85歳以上で「夫婦のみ世帯」が増えている。女性では、「子と同居世帯」割合が減少し、80代で「夫婦のみ世帯」が大きく増えるが、85歳以上では「単独世帯」が増えていく（【図9】）。

これは、子どもと同居しない高齢者が増える中、かつては少なかった、85歳以上の長寿期夫婦や、夫死去後に85歳以上でひとり暮らしとなる女性が、今後大幅に増えていく予測を示している。

【図9】男女別　年齢階級別　家族類型の割合（全国2010年、2035年）

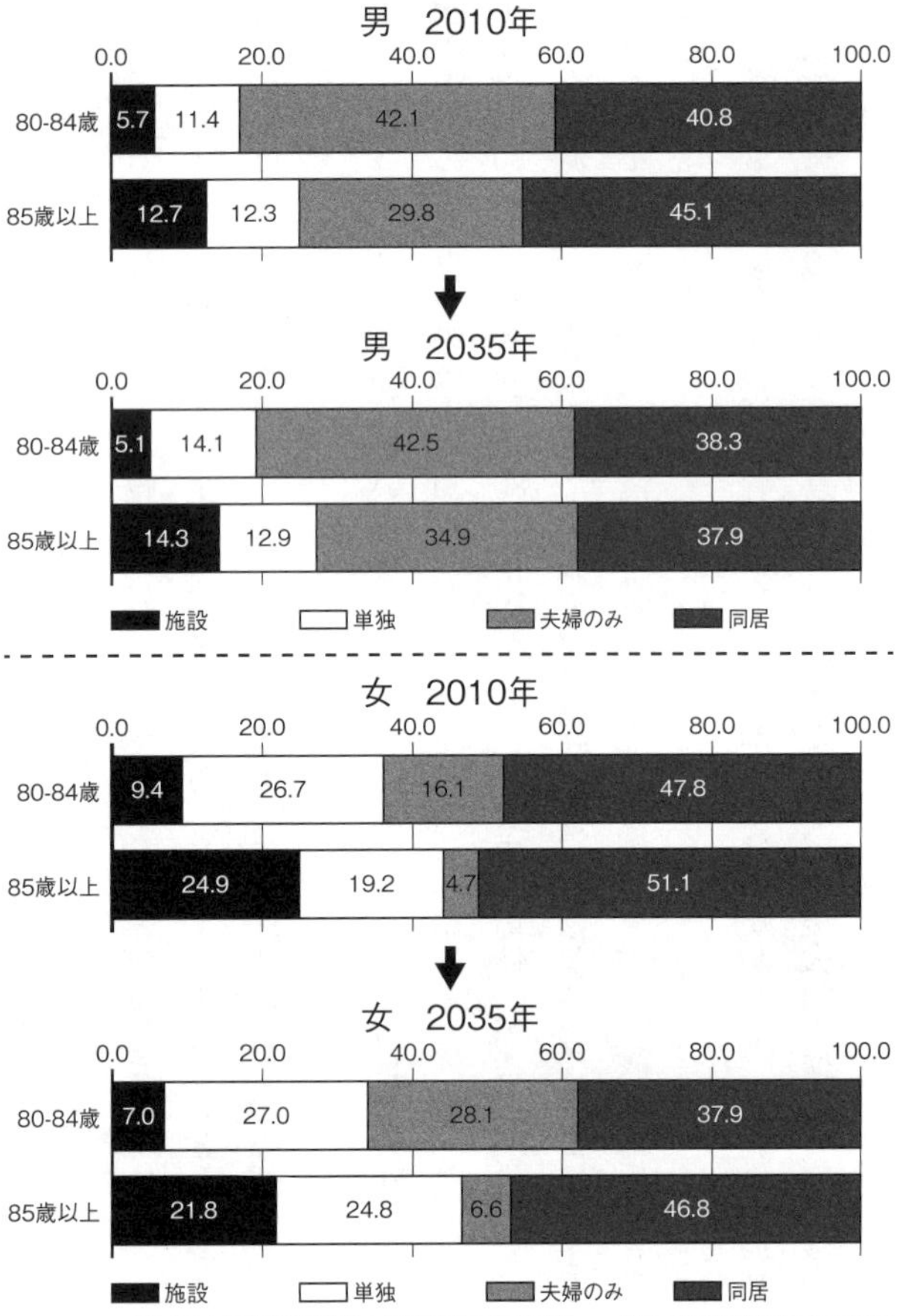

［出典］小山泰代「高齢者の居住状態の将来推計――結果の概要」〔2017年3月推計〕（国立社会保障・人口問題研究所）より80歳以上のデータを抜粋して作成

さらに、推計では「子世代との居住関係」を、「施設」「同近居なし」「近居」「同居」別に将来の予測もするが、それを見ると、男女ともに80歳以上で、「子と同居」の割合が、２０３５年には２０１０年に比べて大幅に減り、「近居」も、小幅ながら減少する。一方、「同近居なし」は、80歳以上で大幅に増えていく（【図10】）。

こうした2つの将来推計が示すのは、団塊世代が80歳以上になる２０３５年頃には、現在以上に、長寿期を夫婦2人で、もしくは一人で暮らす人、しかも近くに住む子どもがいない長寿者が、膨大な数に達するという予測である。

そうした予測はまた、認知症などで先に倒れた妻を介護する長寿期夫介護者の増大、さらには、ひとり暮らしの中で病いに倒れ、支援につながらないまま土壇場まで行くリスクが高い長寿期女性の増大をまねくという予測とつながっている。

こうした家族変化の方向を考えると、現在70代の高齢者では、現在の長寿者よりも、より厳しい晩年期が待つことは間違いないと思われる。

本当に、高齢者は備えをしていないのか？

では、そうした変化が予測される将来、Xさん、Yさんが語るように、結婚して配偶者や

【図10】男女別　年齢階級別　子と同近居の有無の割合（全国2010年、2035年）

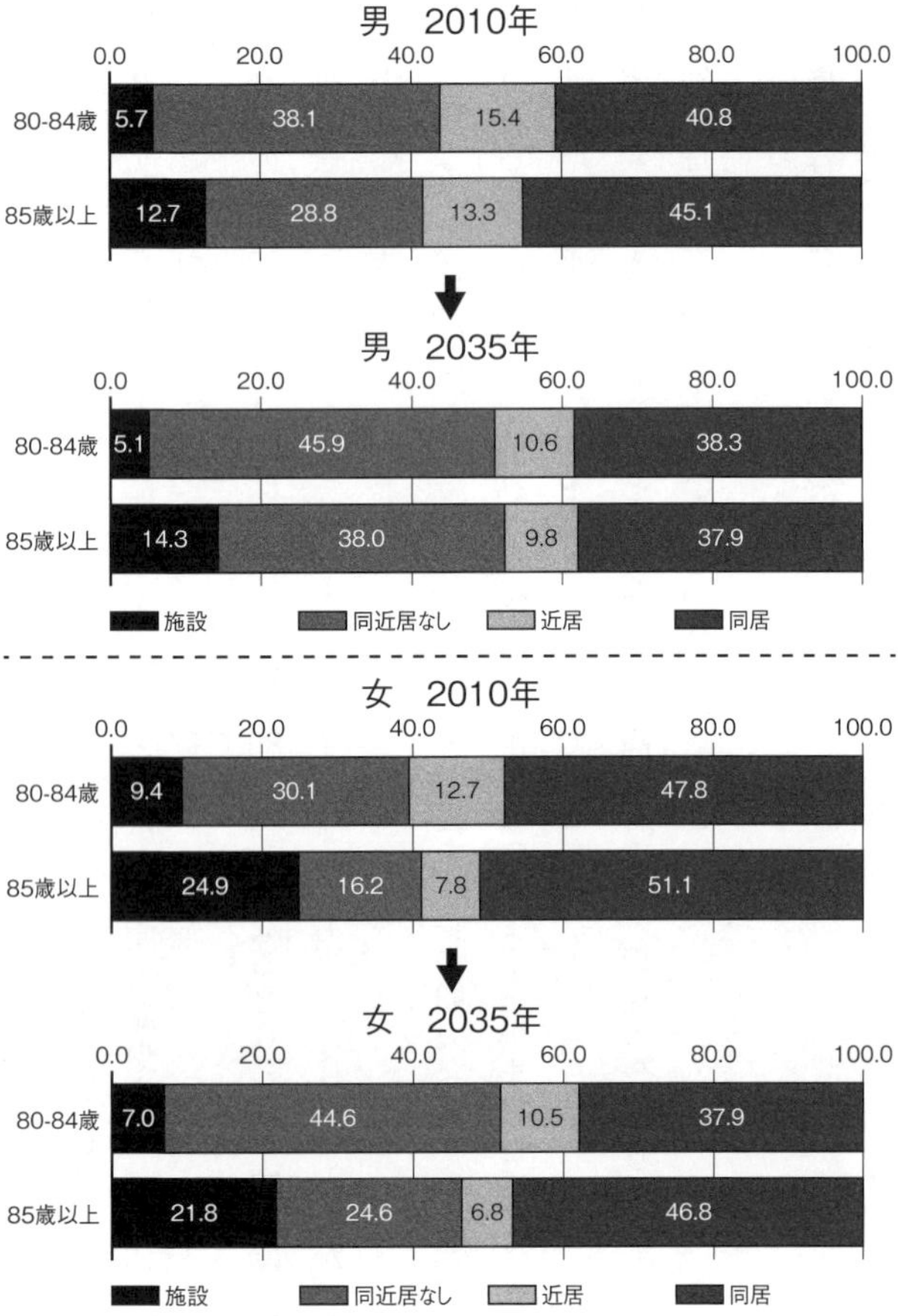

［出典］小山泰代「高齢者の居住状態の将来推計――結果の概要」〔2017年3月推計〕
（国立社会保障・人口問題研究所）より80歳以上のデータを抜粋して作成

子どもがいる人が、「自分はこうしたいという老後についての考えがない」「自分で決められない。決める力がない」ままだとしたら、どうなるだろうか。

何の備えもなく長寿期まで過ごし、何の備えもなく長寿期特有の解決困難な問題に直面し、しかも、相談相手となる配偶者や子どももいないひとり暮らしの場合、混乱し途方に暮れてしまうだろう。また、思いがけないケガや病気になった時、危機を乗り越えることができず、在宅暮らしを続けることができないというリスクも高くなるだろう。

しかし、本当に、Xさん、Yさんが言うように、高齢者の多くは、歳をとり誰かの世話を必要とするようになった時の備えをしていないのだろうか。

これについては私も、第4章でご紹介した『人生100年』ハッピーライフプラン」というワークショップの参加者の「人生100年時代のライフプラン」についての自由記述の分析結果から、参加者の多くが、80代前半から「日常生活能力の低下が生じる」と予測しながらも、70代後半までにそれに向けての具体的取り組みをしている人が少ないと述べた。

だが、それは定性的な分析であるために、いまひとつ確証がなかった。そこで、この論点に関わる、定量調査による調査結果を見ていこう。

まず、このテーマに直接関わる国の調査で、近年実施されたものが見当たらないため、少し古いが、2003年実施の「高齢者介護に関する世論調査」（内閣府）の結果を見てみよう。

この調査では、高齢者介護への準備について、いくつかの項目を挙げ、それに関して「介護が必要になった時のための準備をしているか」と問うていた。

それらの問いに対して、「している」と回答した「70代以上」の高齢者（男性294人、女性292人）の結果を挙げていこう。

・「貯蓄などによる経済面での備え」……男性27・9％、女性22・6％
・「介護サービスについての情報収集」……男性12・2％、女性13・7％
・「民間の介護保険などへの加入」……男性11・2％、女性7・9％
・「家族に介護してくれるよう頼むこと」……男性20・4％、女性15・8％
・「高齢者に配慮した賃貸住宅や有料老人ホームへの住み替え」……男性8・8％、女性6・2％
・「介護を受けやすい住宅への建て替えや改造」……男性6・8％、女性6・8％
・「子供や親類の家への住み替え」……男性1・7％、女性2・4％

・「特にない」……男性36・4％、女性44・5％

この結果を見ると、「貯蓄などによる経済面での備え」をした割合が、男女ともに20％台であるものの、他の項目では、（男性の「家族に介護してくれるよう頼むこと」以外は）いずれも10％台かそれ以下。最も多いのは、「特にない」で、女性で4割以上、男性では3割以上を占める。指摘できるのは、70代以上の高齢者でも、介護が必要になった時への準備がない人の割合が圧倒的に多いという事実である。

子世代も「親は備えていない」とみている

次に、この調査から10年後に、第一生命経済研究所の北村安樹子さんが実施した調査結果を見てみよう。

調査は、親が65歳以上で「自宅でひとり暮らしを現在しているか、過去にした経験」を持つ40～69歳の子世代の男女495名を対象として、「親が介護に向けて行っていた備え」についで質問したものである。

結果を挙げると、

・「介護に必要な費用を準備していた・いる（預貯金・保険など）」……47・5％
・「地域の人とかかわりをもつように心がけていた・いる」……44・8％
・「介護に必要な費用をどのようにまかなうかについて考えていた・いる」……38・0％
・「だれに介護を受けたいかについて考えていた・いる」……36・6％
・「介護が必要になることについての心構えをもっていた・いる」……32・7％
・「亡くなった後の住まいや所有品をどうするのかについて考えていた・いる」……32・1％
・「公的介護保険制度についての情報収集を行っていた・いる」……29・7％
・「どこで介護を受けたいかについて考えていた・いる」……29・3％
・「自宅のリフォームなど、在宅介護に備えた住宅面での工夫を行っていた・いる」……27・5％
・「老人ホームやケア付き住宅についての情報収集を行っていた・いる」……22・5％

（北村安樹子「親による自身の介護に向けた備え」『ＬＩＦＥ　ＤＥＳＩＧＮ　ＲＥＰＯＲＴ　ＡＵＴＵＭＮ』２０１５）

この結果を見ると、たしかに「お金」に関しては、準備する割合が半数近くに達している。しかし、その他の準備項目については（「地域の人とかかわりをもつように心がけていた・いる」を除いて）、前掲の内閣府調査から10年後の調査であるにもかかわらず、「している」割合は3割以下にとどまり、高齢者の意識が大きく変化している様子は読み取れない。

加えて、この調査では、「親自身の介護等に関する意思表示の有無」についても、いくつかの事項に関して質問しているが、「一人暮らしになる前に、（次の事柄について）子どもに伝えたことがある」という親の割合は、「どこで介護してもらいたいか」……7・3％、「だれに介護してもらいたいか」……7・9％、「介護に必要なお金をどのようにまかなうか」……8・7％、「死亡後の住まいや所有品をどうするか」……7・1％という結果で、いずれも1割以下にすぎない。

第3章で見た、90代の親世代の介護を担う子世代女性たちは、「元気な間に、自分に介護が必要になった時にどうしたいかを教えておいてほしかった」と語っていたが、こうした「意思表示をしない」傾向は、高齢者に広く共通して見られる実態だといえるだろう。

（2）「昭和期生まれ高齢者」の長寿期への備えの問題は、歴史的「大問題」

親の世話はした。「で、自分たちはどうなるの?」という不安

Zさん「私たち夫婦は、両方の親の介護をしてきました。認知症になった実母を95歳まで、夫の母も93歳まで。親世代へは、古い形の親孝行で、私たちが世話して看取りましたが、大問題は、私たちには子どもがいないんです。『これからのことを一緒に考えよう』と夫に言っても、『先に死んだ方が勝ち』と、考えようとしません。これからどうすればいいか、私が考えなければいけないんだけど、どうすればいいのか。誰にキーパーソンになってもらうかひとつ考えても、とても難しい」

Qさん「母は、倒れた時のために自分でどうにかしておこうなんて考えていなかった。どう

にかなります、してくれますと、私がみるのを疑っていない」

春日　「自分の世代になるとどうですか」

Qさん　「娘や息子の嫁がみてあたりまえではありませんね。第一、もう娘たちに私をみる力は無いと思う。非正規（雇用）だったりすると、娘の将来がどうなるだろうかと、そっちの方の心配が先。息子の嫁さんにもみてもらうつもりもない。彼女には自分の親がいるし、両方みることになる。それはあまりにも可哀想。息子の嫁だからみるべきという思いはかけらもない。

ただね、私自身、実際に足腰が立たない要介護の状態になった時、『自分自身がどうなるのか』というリアルな感じがいまいち持てないんです。人のは見てきたからわかるけれど。どうするかなあと思う」

Zさんは、90代の夫の親と、自分の親2人を看取り終わった70代半ばの女性。Qさんは、認知症の叔母を看取り終わり、さらに現在は99歳の同居の母の介護をという形で、2人を10年以上世話をしてきた団塊世代の70歳の女性である（第3章で登場）。

2人に共通するのは、自分は「古い形の親孝行」を担ったが、「私が倒れた時はどうなるのか」という、将来への不安と、あてどなさである。

将来、介護されることについての不安感は非常に強いのに、なぜ多くの高齢者は、「成りゆき任せ」で、備えようとしないのか。それが私にとっての大きな疑問だった。そして、これまで多くの人の話を聞く中で考えたその理由の一つが、老いを否定し、成長・若さ・自立を強調する「ピンピンコロリ」願望、「生涯現役」願望と通底する「サクセスフル・エイジング」という思想が、「成りゆき任せ」の生き方につながっているのではないかということであった。

さらに、第6章の、シングルで生きてきたYさんの話からは、頼るべき親族や身近な人がいないシングルの人の「身元保証」などに関わる、現行制度の限界性が、「備えられない」ことの理由になっているということも見えてきた。

子どもがいても「成りゆき任せ」になる背景

しかし、アクティブに活動をするわけでもなく、さらに、身元保証などにも困らない、結婚して子どもがいる多くの人も、「成りゆき任せ」のことが多い。そこには、「ピンピンコロリ」願望や制度的問題とは異なる背景があるはずだ。そう思い、いくつかの理由を考えてみた。

①現在70～80代の昭和期生まれ高齢者は、兄弟姉妹数が多く、親と同居して親の介護を担った者（「跡取り」とみなされたきょうだい）以外の他の兄弟姉妹は、介護経験がなく、したがって、自分自身の介護イメージを描きにくい。

②地域のつながりが薄くなった日常生活の中で、地域に住む長寿期の人と接触する機会がなく、在宅で暮らす自分の長寿期の生活イメージを描きにくい。

③近年まで、自宅での生活継続が難しくなった人は、病院・施設で暮らすのが一般的で、身近に、脆さと弱さを抱えて在宅暮らしを続ける高齢者と触れ合う機会が少なく、イメージを描きにくい。

以上、3点を思いついた。いずれも、「人間はどんなに元気でも歳をとれば弱り、人の手助けを必要とするようになり、介護を受け、死んでいく」というあたりまえのことを知る人生経験が、昭和期生まれ高齢者には少ない、それが、備え意識のなさにつながるのではないか、というものである。

しかし、昭和期生まれ高齢者の多くに見られるこうした人生経験の不足以上に、「備え意識の薄さ」「成りゆき任せ」の生き方には、昭和期生まれ高齢者世代で生じた少子化という人口学的変化、昭和期生まれ高齢者が子育て期に作った親子関係の性格、さらに90年代後半以降の日本の経済変動に伴う、子世代で生じた急速なシングル化、そうした社会変化が、根底的な理由として関わっているのではないか。

そうした気付きを与えてくれたのが、この章の冒頭のZさんとQさんの話だった。

昭和期生まれ高齢者に起きていること

ZさんとQさんの2人は、アクティブに活動する高齢者でもなく、結婚せずに生きてきた人でもなく、さらに、身近に脆く弱くなった長寿者と出会う経験がなかった人でもなく、それどころか10年以上、長寿期の親世代2人を支え続けてきた人である。しかし、Zさん、Qさんともに、「どうすればいいのか」「実際に足腰が立たなくなった時、自分がどうなるかというリアルな感じがいまいち描けない」と語る。

彼女らが、その必要性は感じても、自分の力が弱った将来に備えないままでいること。それは彼女らの90代の親世代が、「子どもがみるのを疑わない」まま、何も備えなかったのとは大きく異なるものである。

この2人のあてどなさの背景にあるものを、具体的に見ていこう。

ひとつの背景は、Qさんが語る「娘たちに私をみる力は無いと思う」「息子の妻には自分の親がいるし、両方みることになる。それはあまりにも可哀想」という言葉に端的に表れている。このことについて具体的に述べていこう。


まず、現在70代、80代の昭和期生まれの高齢者が、成人した子世代と作る関係は、90代以上の親世代のそれとは大きく異なっている。

90代長寿者の子世代に当たる、団塊世代までの昭和期生まれ高齢者の多くは、地方から都会に出て、正規雇用で働き、「適齢期」とされる年齢で結婚し、先ほども述べたが兄弟姉妹数も多く、「跡取り」となった者が年老いた親の世話をし、保護する役割・責任を持つという意識も残っていた。

しかし、昭和期生まれ高齢者が生んだ子ども数は、平均で2人台。兄弟姉妹数が多かった団塊世代の女性たちでは、「男兄弟なし」という割合は25・2％に過ぎなかったが「団塊ジュニア」（1971〜1974年生まれ）と呼ばれる世代がほとんどを占める1970〜1

974年生まれの子世代女性では、その割合は42・4%。自分の親の老後に対する責任を担わねばならない女性が増え、自分の親と夫の親の「両方をみるのはあまりにも可哀想」という状況が生まれている。

また、昭和期生まれが作った家族で急激に生じた少子化の過程で、結婚したが子どもに恵まれなかった高齢者も現在増えていて、「高齢者世帯におけるチャイルドレスの割合は、2001年から2010年の間に7・9%から15・7%へと8%ポイント増加した。2010年時点でチャイルドレス世帯数は約300万世帯、うち独身チャイルドレス高齢者数は約145万人と推計される」とする報告もある(中村二朗、菅原慎矢「同居率減少という誤解——チャイルドレス高齢者の増加と介護問題」『季刊 社会保障研究』Vol.51、No.3・4、国立社会保障・人口問題研究所、2016年)。

加えて、昭和期生まれの高齢者の子育て期の家族関係は、「子ども中心」「教育中心」で、その結果、子どもたちは学歴をつけ、国内どころか遠く外国に飛び立ち、高齢の親の身近に住まないことも増えている。

さらに、子世代が成人し、就職をし始めた1990年代から進んだグローバリゼーションといわれる世界規模の経済変動の中で、子世代が非正規雇用や失業状態で未婚のまま親と同居し続け、「子どもの将来がどうなるだろうかと、そっちの方の心配が先」という高齢者の親も少なくない。

そうした中で、結婚し、子どもがいる高齢者でも、子どもに頼れない、頼らない人、さらにZさんのように、結婚したが子どもがいない高齢者が増え続けている。

言い換えれば、長寿化と同時期に、昭和期生まれ高齢世代で生じた「一人っ子・ふたりっ子革命」と呼ばれる歴史的変化が、高齢者家族に及び、旧来の家族観、制度では対応できない状況が生まれているのだ。

この変化が、1990年代の後半以降、長寿化と相まって急速に進行したために、制度的、文化的空白状態が生まれている。すなわち、新たに生じた状況に対応する国の新たな制度的仕組み、のみならず高齢者が日常生活の中で、こうした事態に対処していくための具体的手立てや暮らしの処方箋といった文化的蓄積が乏しい中で、「成りゆき任せ」にするしかない生き方が生まれているのだ。これが問題の根底にある背景ではないかと思ったのである。

「ピンピンコロリ」思想が阻害する「長寿期への備え」

では、そうした困難な時代状況の中、私たちは、何を生み出していけばいいのか。

長寿化がさらに進むと予測される現在、「元気で自己決定力を持つ余力がある高齢者は、将来予測される長寿期の『ヨロヨロ期』に向けて備えをした方がいい」という本書のテーマに、狭く問題を限定して考えていこう。

国もこうした事態に対して何もしないわけではなく、いろいろな取り組みがなされている。一例として、ここでのテーマに直接関連する国の施策としては、「人生100年時代を見据え、健康寿命を延ばすため、高齢者の予防・健康づくりが重要」とした「健康寿命の延伸」に関わる取り組みがある。

その目標のもとに「『健康寿命の延伸』は、健康日本21（第二次）の中心課題であり、指標として盛り込むことは不可欠である。……平均寿命と健康寿命の差を短縮することができれば、個人の生活の質の低下を防ぐとともに、社会保障負担の軽減も期待できる」という形で（「厚生労働白書」２０１４年）、地域支援事業の中で、各地で住民自らが担う「地域の通い場」の開催や、栄養・食生活、歯・口腔ケア、生活習慣病についての健康教育や介護予防のための体操教室などを開く形でその取り組みがなされている。

私も、元気なうちからこうした健康増進に取り組み、地域活動に参加し役割を担うことが、長寿期の健康や低下する家族力を補う地域のつながりを生む重要な備えになると考えている。

家族力がますます弱くなる将来、家族を外に開き、歩行能力が落ちる長寿期に備え、自宅から歩いて15分圏内に地域のつながりを持っておくことは非常に大事な備えになる。話を聞いた「元気長寿者」の多くも、栄養・食生活に気を配り、ウォーキングなどの運動を日課とし、地域の世話役を担った経験があるという人が多かった。

しかし、私が危惧することの一つは、この取り組みが「国」→「推進を担う担当者」→「地域住民」の順で普及・実施されていく過程で、国が当初掲げた目的とは異なるものに変容し、住民一人ひとりが自覚的に長寿期に向けての地道な備えをすることを阻害しかねない性格を帯びてきている点である。

具体的に説明すると、「健康寿命の延伸」が目指すものを参加住民に説明する時、「健康寿命の延伸」という言葉を、住民受けがいい「ピンピンコロリ」「生涯現役」というキーワードに置き換え、「ピンピンコロリ」「生涯現役」があたかも目的であるかのような説明がなされる場面が多く見られるのである。

インターネットでこの3つのキーワードを入れてみると、「ピンピンコロリ」「生涯現役」という言葉が「平均寿命の延伸」と相互互換的に使用される例が多出し、こうした地域がいかに多いかがわかると思う。

一例として、ネットで拾った「高齢者の健康づくり講演会」開催のチラシ内容を挙げてみよう。そこには、「健康寿命を延伸するピンピンコロリ（PPK）の推進を広く普及することを目的に講演会を開催する」として、「ピンピンコロリを目指して——生涯現役でいられるように、今していることをそのまま続け、何もしない老人にならないようにしましょう。高齢者になっても役割を持ちましょう。……」と書かれる。

だが、先の引用に見るように、国の目的は、「健康寿命の延伸」を指標として、「個人の生活の質の低下を防ぎ」「社会保障負担の軽減」をすること、すなわち足腰が弱る長寿期になっても寝たきりにならず、歳相応の脆さと弱さを抱えながらも「元気」に在宅暮らしができる人を増やすことにあって、「ピンピンコロリ」を目指すものではないはずである。

しかしそれが、普及・伝播過程で、マクロなレベルでの「平均寿命と健康寿命の差の短縮」という社会的事象が、＝「ピンピンコロリ」という個人的事象にすり替わり、サクセスフル・エイジングの理念と通底する社会的性格を持つものに変容していっているのである。

だが、サクセスフル・エイジングという生き方が、ヨロヨロ期の長寿期への備えに取り組む姿勢を阻害しかねない性格を持つ点については、すでに第4章で見てきた通りである。

「身じまい文化」のすすめ――「病い・老いとともに生きる暮らしの術」を共有する

また、国が取り組むこうした健康増進、地域のつながりの強化が、長寿期の暮らしの備えとして持つ重要性については異論はないが、もう1つ危惧する点は、「健康維持」のほかに、「長寿期の暮らしをどのように維持していくか」という視点、すなわち生活知の涵養《かんよう》、大きくいえば、**「身じまい文化」**の重要性が、取り組み項目に入っていない点である。

序章で述べたが、「元気」には、「健康な人」と「活動する気力がある人」の2つの意味が含まれている。また、ライフロング・エデュケーション（生涯学習）という時の「ライフ」には、人生、生命、生涯といった意味が含まれる。「生命」を維持する「健康」という営みの中には、人生の継続性、暮らしの継続性を維持する営みが併せ含まれる。

したがって、施策の中に、「健康増進・維持」にまつわる取り組みだけではなく、長寿期の暮らし、特に多病を抱えて生きる人が多くなる長寿期高齢者が増えるこれから、そうした「病い」とともに生きる暮らしの術、知識が、健康増進のための諸活動が実施される場のみならず、生涯学習の場でも提供されることが必要だと考えるのである。

なぜなら、「病い」を抱えて80歳を超えた長寿期を、家族の保護もなく、長寿者が一人、もしくは老夫婦2人で生きるという人類未踏の経験を、先陣を切って走っているのが日本社会であり、その人生期を生きる生活知が未だ蓄積されていない社会だからである。

それは、すでにある知恵や知識では間に合わず、そうした人生を、今、生きている人たちの経験から学び集めるしかない性格を持つ。また、医療や介護を提供する立場の人たちからだけではなく、広く在宅で長寿期の人生を生きる人が、日常の暮らしの中で編み出している知恵・工夫を集積し、共有していく営みに他ならないと考える。

それは本書で見てきた「元気長寿者」が、「習慣暦」「日課」として行っている「一日の生き方、使い方、保ち方」の中に見出されるかもしれない。

そうした長寿期の「元気」を支える「健康」と「気力」にまつわる取り組みを、今後どのようにしていくか。この2つが、今、個人の生き方にとっても、国の取り組みとしても、求められているのだと思う。

おまけの章――「具体的な準備」の一例

　前章で、国が取り組んでいる、「人生100年」に向けて行う健康増進や地域のつながりの強化という取り組みとともに、新たな生活の知、「身じまいの文化」を創出し、それを社会的に共有していく取り組みが必要ではないかと述べた。

　しかし、具体的にはイメージを浮かべられない人が多いと考える。何しろ、人類未踏の長寿期の暮らしに備える文化など、まだ生まれていないのだから。

　そこで、まだまだ試案のレベルでしかないが、私が問題意識を共有する某地方都市（人口13万人強、カリスマ医師もカリスマ公務員もいないごく普通の地方都市）の地域包括支援センターに勤務する保健師、理学療法士、ほか、高齢者の支援機関に勤務する人たちとの勉強会で、自分たちが支援をした事例を出し合い集める形で作成した【転ばぬ先の備え――まさかのときの知恵袋】「もし、あなたが家の中で転倒して、大腿骨頸部骨折してしまったら……。そんな場面でも困らない、日頃から自分でできる準備について考えてみましょう」という表を、最後（264頁から）に示してみたいと思う。

この表を作成する際には、まさに「長寿期一歩手前」にある、在宅暮らしをする70代後半の人が、次のような状況で転倒し、入院手術し、退院後も在宅暮らしを継続する、という設定で考えた。

○75歳以上のひとり暮らし。
○居室で転倒。
○大腿骨頸部を骨折し、入院・手術を受ける。
○退院後は、自宅に戻る。
○退院後は、杖または歩行器を使用して歩行可能。

「大腿骨頸部骨折」を例にしたのは、介護が必要になった理由として、要支援者で多いのは

「骨折・転倒」「関節疾患」で、特に「大腿骨骨折患者数」は70代後半から80代にかけて増大し、しかも、そのことが原因で認知症、寝たきりという経過をたどる人も少なくないからである。さらに、もう一つの理由として、ある程度予防が可能な生活習慣病とは異なり、誰もが事故によって、こうした思いもかけない人生展開になる可能性があり、備えとして、ここで挙げたような対処法をあらかじめ知っておけば、寝たきりにまで至らなかっただろうに、というケースも見られるからである。

さらに、ひとり暮らしの人の、室内での転倒から退院までの経過を順に追って示したのは、人の暮らしというものは、過去・現在・未来という形で成り立ち、今、何をすればいいか、どう対処すればいいのかという人生課題（とそれへの対処法）は、常に、未来に何が生じるかという時間軸の中で選択されていくからである。その点に関しては、第4章（2）で、内山節さんの文章を引用しながら、すでに述べている。なすべき事態がどう展開していくのかという未来予測と、今、自分がすべき課題と対処法がわかれば、人は過度の不安や混乱に陥らないで生きていく力、乗り切っていく力を持っていると私は考える。そうした理由で、表では、骨折後に生じる出来事と、その対処法（行動課題）の順に並べてある。

また、この表は「大腿骨頸部骨折」をした人を例に作成しているが、他の疾患でひとり暮らし、老夫婦暮らしの人が、入院・手術をする時に生じる出来事、対処法とも重なる部分が多くあり、そうした人たちにも参考になるのではないかと考える。

がん疾患で在宅生活を送る人たちの間では、その生活知は徐々に蓄積されているように思うが、ひとり暮らしや老夫婦で在宅生活を送るためのこうした生活知が、他の病気——心疾患や脳血管疾患、認知症などなど——に罹った人についても、介護に関する知識とは別に、蓄積され、社会的に共有されていけば、健康増進や地域参加の取り組みの中で得る知識などとともに、長寿期の暮らしに備える身じまいの作法となっていくのではないかと考える。

最後に、あらかじめ断っておかねばならないのは、ここで示した対処法は、読者の方がどこに住んでおられるかで、異なる面があるという点である。なぜなら、大都市であれば、在宅サービスを提供する営利企業やＮＰＯ法人なども多様な形であるだろうし、地方の過疎地であれば、それらがほとんどない地域もあるからである。

それに、居住地域の行政の取り組みも現在は多様化しており、ここで挙げた以上の取り組みがなされている自治体もあると考える。

しかし、まだこうした知識を持っていない人には、「ないよりまし。一つの処方箋にはなるだろう」。そういう思いから、ここに掲載することにした。少しでも役に立ったという読者がおられたら、それは非常にうれしいことである。

【転ばぬ先の備え――まさかのときの知恵袋】

「もし、あなたが家の中で転倒して、大腿骨頸部骨折してしまったら……」

そんな場面でも困らない、日頃から自分でできる準備について考えてみましょう。

〈次のような人、次のような状況を設定して考えていきます〉
○75歳以上のひとり暮らし。
○居室で転倒。
○大腿骨頸部骨折し、入院・手術を受ける。
○退院後は自宅に戻る。
○退院後は、杖または歩行器を使用して歩行可能。

《Ⅰ 受傷から入院～治療～退院までの困り事対処法》

1．受傷から受診（入院）までの困り事

出来事	自分でできる対処法	利用できる制度など
①転倒して電話まで行けず、救急車や知人への救援を呼べない。	①ホイッスルや、携帯電話を常時携行しておく。緊急通報システムを設置しておく。 電話の位置は、床に座った姿勢でも手が届く位置にしておく。 〈自宅で転倒を防止するための準備〉 ア）敷居が夜間でも目立つようにシールを貼る。 イ）段差解消のミニスロープを付ける。 ウ）風呂の洗い場や浴槽に滑り止めマット、手すりを設置する。 エ）トイレマットは動かない工夫、または置かない。 オ）スリッパはつまずきやすいので室内履き（かかとのある履物）にする。	イ、ウ）要支援・要介護認定を受けている場合は、必要に応じて、住宅改修や、福祉用具貸与の制度が適用される場合がある。

出来事	自分でできる対処法	利用できる制度など
②痛みと混乱の中、連絡先が思い出せない。	②友人・親戚らの電話番号を短縮番号に入力。 友人・親戚・民生委員などの連絡先を見やすい場所に掲示する。	
③救急車や人が来ても、家（玄関や勝手口）の鍵が開けられない。	③鍵を預ける人、鍵の置き場を教える人を確保する。 近隣の人や民生委員などに万が一の時は壊していい箇所を教えておく。	
④その他、居室外で転倒した場合 ア）浴槽内で転倒して身動きがとれない。 イ）浴槽、トイレで転倒し、扉が開かない。 ウ）街頭で転倒して身動きがとれない。	ア）まずは風呂栓を抜き、助けを呼ぶ。 イ）外開きのドア、折れ戸、引き戸に改修する。 ウ）外出時でも、健康保険証や連絡先や、特別な薬の服用者は薬名がわかる物を常時携帯する。	イ）要支援・要介護認定を受けている場合は、必要に応じて、住宅改修の制度が適用される場合がある。

2. 受診・入院・手術など治療開始までの困り事

出来事	自分でできる対処法	利用できる制度など
①服用している薬名がわからない間は手術ができない（遅れる）場合がある。	①お薬手帳と健康保険証、介護保険証は定位置に収納し、誰にでもわかる場所に保管する。 緊急連絡先もわかりやすい場所に掲示しておく。	
②病気がある人は既往歴（これまで罹った病気）についての情報がないと、治療が遅れてしまう場合がある。	②既往歴を手帳に書いておき、誰でもわかる場所・目立つ位置においておく。 かかりつけ医（※1）を持つ。 （※1）かかりつけ医になってもらいたい医師に依頼して、承諾してもらって初めてかかりつけ医となる。 かかりつけ薬局を作る。	自治体（市役所・区役所など）によっては、治療中の病気・既往歴・服用している薬の名前・緊急連絡先を書いた紙を入れて保管する容器を配布しているところがある（あんしん情報カプセル、キットなど）。
③身元保証人・引受人が必要な病院が多い。	③日頃から緊急対応してくれる人の確保や任意後見契約（※2）を結んでおく。 身元保証人については、身元保証代行サービスを行っている会社や団体などの情報を収集し、契約しておくことも必要。	（※2）任意後見契約とは、任意後見制度に基づき、自分が元気なうちに、将来の判断能力が低下した時に備えて公正証書により契約しておくもの。 〈問い合わせ先〉 お近くの［公証役場］
④入院時に必要な物を揃えられない。入院準備ができない（物と人）。	④【物】元気な時に入院グッズを揃えて既定の場所に保管し、わかりやすく表示をしておく。 病院によっては院内の売店で販売している。 【人】日頃から友人・親戚などに依頼しておく。 民間サービスの情報収集をしておく。	

3. 入院期間中の困り事　(1) 金銭の支払いに関する困り事

出来事	自分でできる対処法	利用できる制度など
①入院期間中必要な金銭の出し入れが自分でできない。	①日頃から友人・親戚などに依頼する。(代理で委任行為を行ってくれる) 関連会社や団体、任意代理契約 (生前事務委任契約) の知識を持っておく。	
②公共料金・光熱費などの支払いができない。	②日頃から支払いは口座引き落としにしておく。	
③医療費が高額で支払いが困難。	③医療制度による自己負担額の軽減措置があること、また、手続きの連絡先を知っておく。	【高額療養費】同一月の間に1つの医療機関でかかった一部負担金が高額になった場合、申請すると自己負担限度額を超えたものは払い戻される。 【限度額適用認定証・標準負担額減額認定証】 あらかじめの申請により「限度額適用認定証」の交付を受け、医療機関の窓口に提示することで、差額ベッド代・入院時の食事代・自由診療などを除き、1つの医療機関での医療費の一部負担金が自己負担限度額までとなる。 ※どちらも所得によって自己負担限度額が異なるので自治体(市役所・区役所など)に問い合わせる。

4. 入院期間中の困り事　(2) 留守にした自宅に生じる困り事

出来事	自分でできる対処法	利用できる制度など
①留守中の家の戸締り。 入院直後の生ゴミ・冷蔵庫内の生鮮食料品の処分。	①信頼できる親戚・友人・地域の人に依頼する。	
②牛乳・新聞などの配達停止。 近所・仕事先や所属クラブへの連絡。	②連絡先を携帯電話、アドレス帳に登録しておく。	
③宅配便の受け取り。	③受け取りが必要なものは業者の連絡先を携帯電話に登録しておく。 その他、予期しないものは受け取りをしなければ、送り主に戻る。	
④ペットの世話。	④元気な間に依頼できる人を確保しておく。 ペットホテルの情報を得る。 長期間になる時は、関連ＮＰＯなどの情報を得ておく。	

5. 入院期間中の困り事
(3) 退院後の暮らしに備え、対処を迫られる困り事

出来事	自分でできる対処法	利用できる制度など
①いつまで入院できるかわからず不安。	①救急搬送先の医療機関（病院）がいつまで入院できるかどうか、早めに確認しておく（病院の機能や病状によって入院期間は決まっていることが多い）。 その後の治療の流れを知っておく。	医療機関（病院）には、退院支援看護師や退院支援相談員が配置されていることが多く、入院時から相談しておく。
②退院後の生活が可能か不安。	②介護保険の申請方法（申請時期など）の知識を持っておく。 介護保険申請などの相談は医療機関（病院）の相談窓口（地域医療連携室など）にする。	

出来事	自分でできる対処法	利用できる制度など
③介護保険の申請を、いつすればいいのかわからない。	③医療機関（病院）の相談窓口（地域医療連携室など）に相談する。	
④介護保険の申請の仕方がわからない。または申請に行くことができない。	④家族・親戚・友人に介護保険申請のため自治体（区役所・市役所など）に行ってもらう。 地域包括支援センターまたは居宅介護支援事業所に依頼し、代行申請を行うことも可能。	介護保険の申請は、自治体（市役所・区役所など）の介護保険担当課。
⑤高額療養費、医療費限度額申請の仕方がわからない。または申請に行くことができない。	⑤家族・親戚・友人に自治体（市役所・区役所など）担当窓口に行ってもらう。	3-(1)-③　利用できる制度などを参照。 ※家族・親戚・友人に手続きを委任する場合は申請書類の他に委任状が必要。

6．退院日当日の困り事

出来事	自分でできる対処法	利用できる制度など
①自宅までの帰る手段の確保。	①タクシー業者へ依頼する。	
②退院当日の食事の調達。	②家族・親戚・友人へ依頼する。	
③自宅の環境調整（風通しなど）。	③家族・親戚・友人へ依頼する。	
④帰る時の服の調達。	④家族・親戚・友人へ依頼する。	

《Ⅱ．退院後の暮らしの困り事対処法》

※介護保険を利用している場合は、担当ケアマネージャーにまず連絡。

1．移動が困難で、自分で運転することができず、電車やバスにも乗れないため、外部社会との関係が困難な時

出来事	自分でできる対処法	利用できる制度など
①買い物ができない。	①近所のスーパーの宅配、生活協同組合などの宅配サービスを利用する。介護保険外サービスの有償サービスなどの、介護付きで買い物に行ける方法を調べる。	事業対象者・要支援・要介護認定を受けている場合は、必要に応じ介護保険制度の訪問介護が利用できる。介護保険制度による訪問介護は、本人の状態に応じた内容・時間・回数をケアプランに基づき提供されるので、担当のケアマネージャーに相談する必要がある。介護保険制度による訪問介護で、できることとできないことの確認をしておく。
②通院ができない。	②タクシーを依頼する。有償サービスやNPOなどを調べる。	
③ゴミ出しができない。	③地域の自治会や近隣の人に相談する。	
④回覧板が回せない。	④自治会に連絡。	
⑤銀行に行けず、金の出し入れができない。	⑤信頼できる親戚・友人に依頼する。	
⑥犬の散歩ができない。	⑥近隣の人に相談する。ペットショップのサービスを利用する。	
[移動に関する困り事]		※地域によって利用できるサービスや制度が異なる。

2. 退院後の自宅内での暮らしの困り事

(1) 福祉用具や日常生活機器などで対応可能な事項

退院直後から安全に暮らしていくためには、入院中に環境を整えておくことが必要。

＊リハビリ専門職・医療ソーシャルワーカーに退院後の暮らしについて相談し、日常動作（着替え、トイレ、入浴、家事など）の訓練を自宅を想定して行ってもらう。退院時には、ケアマネージャー、訪問看護師・ヘルパーなどと一緒に、病院のリハビリ専門職と同行で一時帰宅をし、退院後の生活について本人を中心にカンファレンスを行う。このカンファレンスで、家具の配置や福祉用具の導入、住宅改修なども相談することができる。以下の①〜⑯はこのカンファレンスで対応することができると考えられる。

	出来事	自分でできる対処法	用具の利用で解決	利用できる制度など
更衣	①靴の着脱が困難。	①入院中に靴の履き方など動作の工夫を教えてもらう。	①履きやすい靴の利用。	
	②着替え（靴下、ズボンの着脱など）が困難。	②入院中に着替え動作に関する工夫を教えてもらう。	②靴下を履くための自助具（ソックスエイド）など福祉用具の情報を得る。	

出来事		自分でできる対処法	用具の利用で解決	利用できる制度など
トイレ	③手すりがなく便座の立ち座りが困難（和式トイレにしゃがめない）。		③適切な位置への手すりの設置、補高便座、据え置き式便座の取り付け。	要支援・要介護認定を受けている場合は、必要に応じて介護保険制度の住宅改修（手すりの設置など）や福祉用具の貸与（簡便な手すりの設置など）・福祉用具の購入（据え置き式便座の購入、シャワー椅子の購入）が利用できる。
入浴	④浴槽が深く、出入りが困難。		④手すりや浴槽台を利用し、洗い場と浴槽内の高低差を少なくする。	
	⑤浴槽の底に風呂栓があり、掃除・お湯はりが困難。		⑤長めの柄の付いた補助具（リーチャーなど）、自助具の利用。	
	⑥洗い場で、身体を洗う姿勢が取れない、または不安定。		⑥シャワー椅子の利用。	
寝具	⑦布団やベッドからの立ち上がりが困難。		⑦手すりの設置。テーブルを支えに立ち上がれるよう、テーブル設置位置の工夫をする。	
洗濯	⑧洗濯機が深く取り出しが困難。	⑧買い替えの際、ドラム式の購入を検討。	⑧長めの柄の付いた補助具（リーチャーなど）、自助具の利用。 洗濯ネットの利用。	
	⑨物干し場に洗濯物を運ぶのが困難。	⑨乾燥機付き洗濯機の購入。	⑨コロ付き洗濯カゴの利用。	
	⑩物干し場が高くて干しづらい。	⑩物干し場を低い位置に移動する。		

出来事		自分でできる対処法	用具の利用で解決	利用できる制度など
移動	⑪入院中は歩行・移動が可能だったが、自宅では段差があり移動が困難。	⑪居室内の自分が動く範囲は物を片付ける。	⑪必要な手すりの取り付け、踏み台などで段差解消を行う。	要支援・要介護認定を受けている場合は、必要に応じて介護保険制度の住宅改修（手すりの設置など）が利用できる。
	⑫自宅の玄関に段差があり昇り降りが困難。	⑫入院中に昇降動作を教えてもらう。	⑫上がりかまちに手すりを取り付け、踏み台を設置する。	
	⑬室内に段差があり移動が困難。		⑬段差の解消（ミニスロープ、床のかさ上げ、段差の分割など）や動線（移動する場所）への手すりの取り付け。	
	⑭2階が居室で移動ができない。	⑭1階で生活可能なように暮らし方を変更する。 住み替えをする。 いずれ超高齢になることを想定し、早めに環境整備をする。		
姿勢	⑮座卓の食卓の場合、立ち座りが困難。	⑮洋式の食卓に変える。		
立位	⑯洗面、皿洗い、調理などの際、立位が難しい。		⑯座位で作業が可能になるよう安定した椅子を利用して作業する。	

3. 退院後の自宅内での暮らしの困り事

(2) ヘルパーなど、人的資源利用で対応可能な事項

＊退院時カンファレンスで、退院後の人的資源の導入、家族・近隣民生委員を含め調整可能。その時、以下①〜⑨の問題も調整してもらう。介護保険制度の訪問介護を利用する際にはヘルパーには提供できることとできないことがあることを日頃から知っておく(【参考1】)。

出来事	自分でできる対処法	利用できる制度など
①家の戸締りができない。	①家の中での移動手段(車椅子、伝い歩き、歩行器など)を、入院時からリハビリ専門職や看護師と一緒に考えてもらう。	要支援・要介護認定を受けている場合は、必要に応じて介護保険制度の福祉用具の貸与(歩行器・車椅子など)が利用できる。
②人が来てもすぐに出て行けない。	②インターホンをつける。	
③郵便受けまで新聞や郵便物を取りに行けない。	③郵便受けの位置と、動線を退院時に考えておく。 ヘルパーを利用する。	事業対象者・要支援・要介護認定を受けている場合は、必要に応じて訪問介護が利用できる。
④トイレまで行くのに時間がかかる。またはポータブルトイレを利用しても汚物処理ができない。	④ポータブルトイレを選定、購入する。 ヘルパーを利用する。	要支援・要介護認定を受けている場合は、必要に応じて介護保険制度の福祉用具の購入(ポータブルトイレ)が利用できる。
⑤掃除機をかけられない。	⑤軽量掃除機を購入する。 ヘルパーを利用する。	事業対象者・要支援・要介護認定を受けている場合は、必要に応じて訪問介護が利用できる。
⑥拭き掃除ができない。	⑥クイックルワイパーなど掃除道具の工夫、掃除ロボット(水拭き機能もある)を使用する。 ヘルパーを利用する。	事業対象者・要支援・要介護認定を受けている場合は、必要に応じて訪問介護が利用できる。
⑦窓ふきやレンジフードの掃除ができない。	⑦有料家事代行サービス業者を利用する。	

出来事	自分でできる対処法	利用できる制度など
⑧庭の花木の水やり、草抜きができない。	⑧シルバー人材センターや、地域助け合いボランティアを利用する。	
⑨電球の交換ができない。	⑨地域助け合いボランティアを利用する。	

【参考1】介護保険制度の訪問介護でできること、できないこと

介護保険制度の訪問介護では、日常的な家事を提供する「生活援助」と、食事介助、入浴介助、排せつ介助など利用者の身体に触れる「身体介護」の２種類に分類される。担当のケアマネージャーと相談して、本人の状態と要望に応じた内容をケアプランに基づき提供される。

以下の表の内容は「できること、できないこと」のうちの一部で、自治体によって詳細に決めているところもあるので、ケアマネージャーと相談しながら確認することが必要。

	できること	できないこと
身体介護	○移動介助・食事介助 ○排せつ介助・おむつ交換・トイレ誘導 ○入浴介助・清拭 ○服薬を見守る ○移動や食事、家事の際の見守り	×入院中の付き添い ×口をあけさせて薬を飲むのを手伝う ×通院のため、利用者やヘルパーの自家用車を運転する
生活援助	○本人が過ごす場所の整理整頓 ○日常的な可燃・不燃ゴミを集積場に持っていく ○日常着を洗う・干す・取り込む ○本人の分の生活必需品の買い物を代行する ○薬を受け取りにいく	×本人が使わない場所の掃除 ×花木の水やり ×ペットの世話や散歩 ×預貯金の引き出し代行 ×家電・家具の移動や修理

4. 退院後の暮らしの変化に伴う金銭面を含む生活の困り事

出来事	自分でできる対処法	利用できる制度など
①大腿骨頸部骨折後の、生活上の注意点がわからない。	①かかりつけ医もしくは退院後、医療機関（病院）を受診した時に相談、訪問介護、通所リハビリなどを利用し相談する。大腿骨頸部骨折後の自分の身体状況、健康状態を把握しておく。	
②退院後の生活で金銭がどれくらいかかるか不安。	②医療ソーシャルワーカーに相談する。ケアマネージャーを通して情報収集する。	
③年金や貯蓄が少なく、利用可能なサービスが限られる。	③医療ソーシャルワーカーに相談する。ケアマネージャーを通して情報収集する。	
④外出機会が減り、閉じこもり傾向が強くなる。	④地域のサロンなどに積極的に参加する。通所型サービスを利用する。	事業対象者・要支援・要介護認定を受けている場合は、必要に応じて通所介護（デイサービス）が利用できる。要支援・要介護認定を受けている場合は、必要に応じて通所リハビリ（デイケア）が利用できる。
⑤災害時一人で避難行動がとれない。	⑤自主防災組織に相談する。	
⑥再度転倒し、寝たきりになってしまうのではないか不安。	⑥閉じこもらず、地域のサロンなどに参加、通所型サービスを利用する。その他、生活環境・体調を整え、転倒リスクを軽減させる（ケアマネージャー・ヘルパーなどと相談しながら）。	サロンや通いの場などの地域資源は、自治体（市役所・区役所など）高齢者福祉担当課または地域包括支援センターに問い合わせる。
⑦急な体調不良や再度転倒などがあった時の不安。	⑦緊急通報システムが利用できる行政サービス、民間サービスを活用する。携帯電話を常時携行しておく。	自治体（市役所・区役所など）によっては、福祉サービスとして緊急通報サービスがある（高齢者福祉担当課に問い合わせる）。

【参考2】入院中に他の疾患症状が発現し、在宅の暮らしが困難

出来事	自分でできる対処法	事前に利用できる制度など
①入院中に、認知症など、ほかの症状が発現し、在宅の暮らしができない。	①元気な頃から施設入所か在宅生活の継続かを検討し、自分の意向が実現可能なように準備をしておく。	
②ひとり暮らしだったが、退院後のひとり暮らしが困難になる。子ども家族とも暮らすことができない。	②万が一に備えて、有料高齢者ホームやサービス付き高齢者住宅、ケアホームなど、高齢者施設の情報を集め、施設の特徴（利用料金など）を知っておく。	

【参考3】受傷・入院時の別居家族との関係、友人・地域との関係、その他の関係のあり方

①家族と何か起きた時のことを日頃から話し合っておく。
②別居の家族が遠方だからといって、連絡することを躊躇しない。
③通院など、時には離れている家族に同行を頼む。状況を知ってもらういい機会となる。
④別居の家族は機会を見つけて、かかりつけ医に挨拶しておく。
⑤鍵の管理・金銭の支払い・留守中の戸締りなどは、信頼できる人への依頼が必要。元気なうちから、そうした人を確保し、依頼しておく。いない場合はNPOなど業者利用も考える。任意後見制度も視野に入れておく。
⑥いざという時には近隣・地域の人の協力が欠かせない。元気なうちから、地域との関係づくりを行っておく。
⑦携帯電話（できればスマートフォン）、パソコンを使い慣れておく。情報収集やインターネットでの買い物、連絡に便利。

⇒困った時には、地域包括支援センター、自治体高齢者福祉担当課、社会福祉協議会、民生委員に相談する。

【付表1】

ライフイベント表を記入するとき参考となるかもしれない 書き込み項目

参考例ですので、<u>他にあれば</u>何でもご自由に記入してかまいません。

1.社会とのつながり

<u>活動場所</u>　①バス、電車、車での移動が必要な所
②徒歩で移動可能な所 ③近隣のみ

<u>活動種類</u>　①活発な趣味・ボランティア、市民活動、仕事、信仰等
②上記参加活動種目の縮小
③上記活動からの引退

<u>活動回数</u>　①ほぼ毎日 ②週2回程度 ③週1回 ④月に2回
⑤月に1回 ⑥2、3カ月に1回

2.家族との関係

①子・甥・姪等結婚 ②親世代の介護 ③親世代の他界
④配偶者の病気 ⑤配偶者介護 ⑥配偶者の他界

3.友人・知人との関係

<u>つきあい方</u>　①自宅を訪問 ②一緒に会食や旅行
③頻回な直接交流 ④頻回な連絡回数
上記友人とのつきあい関係の縮小、年賀状をやりとりする相手の減少、上記友人の病気や他界

4.私に生じること。生活能力、身体的自立度の低下

<u>移動能力</u>

＊車での移動　①どこでも可 ②慣れた所のみ可
③近隣のみ可 ④車の免許証返上

＊歩行能力　①自由にどこでも移動可
②平たい場所は平気だが山歩きは困難化
③通い慣れた所なら少々遠くても移動可
④近隣地域のみ可
⑤自宅あるいは自宅周辺のみ歩行可
⑥室内のみ歩行可 ⑦室内でも伝い歩き

日常の生活能力

＊家事能力(ゴミ処理、調理、掃除、洗濯等)、布団の上げ下ろしに支障なし
＊家事能力の低下(調理可能だが買い物が困難、掃除機をかける時ふらつき困難等)
＊家事能力、日常生活能力の喪失
＊金銭管理能力(日常の買い物、介護保険申請等契約能力全般、お金の出し入れ等)に支障なし
＊金銭管理能力の低下、金銭管理能力の喪失

病気や障がいの発症

＊聴力、視力の低下
＊記憶力の低下
＊認知症の始まり
＊いくつかの病気に罹り病院通いが増える
＊骨折による歩行困難

居住場所の変化

＊施設入所
＊子どもの居宅に転居

介護保険・社会福祉制度の利用

＊ヘルパーの利用
＊デイケア施設の利用

支えてくれる人

＊子ども
＊友人
＊介護サービス事業者

おわりに

「いま、こんな本を書いてるよ」と、本書のことを40代の友人に話した。すると、「親世代はいいですよ。私がいるから。でも、私はどうなるんですかねえ？　結婚していないから、夫もいない。子どももいない。派遣だと、もらえる年金も少ないだろうし。私みたいなシングルの友人、いっぱいいますよ」と言う。

私がこの本を書きたいと思ったのは、まさにこの点にあった。本文でも述べたが、2002年以降、私は高齢者支援機関で行われる事例検討会に参加し続けてきた。当時、ケースとして最も多かったのが、シングルの息子を虐待加害者とする高齢者家族の問題だった。その背景にあったのは、1990年代後半以降の経済変動の中で、急速に進んだ未婚化（特に男性の）だった。

しかし、月日がたつのは早い。今後進むのは、このシングルの人たちの高齢化に伴う問題である。65歳以上の配偶関係別人口割合の将来予測を「日本の世帯数の将来推計」（国立社会保障・人口問題研究所）で見ると、２０１５年時点では５・９％だった65歳以上未婚者割合が、２０２５年には９・０％、２０３５年には13・０％と、短期間に倍以上になる（女性では、同４・５％→５・２％→７・９％）。

こうした単身高齢者が、将来介護問題を抱えた時は、誰を頼ればいいのだろうか。この人たちの場合、経済基盤が弱いことも多く、さらに、子どもがいることが多い死別単身高齢者とは異なり、頼る子どももおらず、親族関係も薄いことが多い。

こうしたことを考えながら、支援現場に通ううちに、事例検討会で上がってくるケースの性格がだんだん変わっていった。80代以上の身寄りのないひとり暮らし高齢者、高齢夫婦の支援をどうするか、という問題が増えてきたのである。「はじめに」でも述べたが、その中で聞こえてきたのが、「まだ若く元気な間に、力がある高齢者は自分でできる備えはしておいてほしい」という支援者の声だった。

では、「何を、どう備えればいいのか」。国の制度が、高齢者を個人単位で支えるものになることが最も望ましい。しかし、国の制度が変わるのを待っているうちに、歳をとってしまったら、どうしようもないではないか。

ならば、「何を元気な間に備えておけば、悲惨な状況に陥るリスクを少しでも減らすことができるのか。それを考えていこう」。

そういう思いで、高齢者ならびに高齢者の生活を支える子世代の人の話を聞き、必要な「備え」とはどんなものかについて考えていった。

一見すると本書は、備えの必要性を説き、個人の自己責任を求める本に見えるかもしれない。

しかし、高齢者の自己責任を求めるものではなく、私としては、今後も進む長寿化と家族変化の中、将来に予測されるリスクを少しでも減らしてくれる、自己防衛のための知識・方法を明らかにし、少しでも多くの人の役に立つ本を書きたいという思いがあった。

もちろん、人の話を聞き、その生きられた経験を社会的事実として立ち上げ、社会的文脈に位置付けていくという、半ば習い性となった私の思考法があるために、柔らかく書こうと思っても、読みやすい本にはなっていないかもしれない。

しかし、できるだけわかりやすいように書いていこう。そういう思いで書き上げたのがこの本である。

この本ができあがるまでには、多くの方のお世話になった。

まず、私のぶしつけな質問にもかかわらず、立ち入った話まで聞かせてくださった「元気長寿者」の皆さん、および高齢者を支える家族の皆さん、さらに、この方たちを紹介してくださった皆さんに、深くお礼を申し上げねばならない。

次に、お礼を言わねばならないのは、20年近く一緒に勉強会を続けている高齢者支援機関のK保健師をはじめとする支援者の方たちである。勉強会や事例検討会を通して、激動する日本の家族の現実、将来への危機感を、深く感知させてもらった。

加えて、私が研究者としての駆け出しの頃に、福祉実践の現場に招き入れてくれた、友人の社会福祉士Yさんには、今回も大変なお世話になった。彼女に対して高齢者の人が持つ絶大な信頼感に助けられて、私は高齢者の方から深い話を聞かせてもらうことができた。

最後に何より編集者の草薙麻友子さんと、その友人、平野麻衣子さんに感謝しなければならない。草薙さんには、問題意識はあるものの単著にする機会がないまま胸中でモヤモヤし続けるだけだった私の構想を聞いてもらい、単著にすることを勧めてもらい、適切なアドバイスをいただいた。そして平野さんは、その草薙さんと私を繋ぐ労をとっていただいた。平野さん、草薙さんとの出会いがなかったら、本書が日の目を見ることはなかっただろうと思う。

私は68歳で勤務していた大学を辞めた時、もう「十分な歳だから気楽に暮らそう」と思っていた。しかし、「元気長寿者」の方たちとの出会いによって、私には新たな世界、新たな年齢観が拓かれ、「もう歳だから」という言葉を禁句として、健康を維持して、しっかり生きていこうと考えるようになった。

「人は何歳になっても変わり続けることができる」。これはこの本を書く機会が与えられたことによって、私が獲得することができた、新たな高齢者観、人間観である。この本を書くことができて、よかったなあと思う。

２０１８年10月15日

春日キスヨ（かすがきすよ）

1943年熊本県生まれ。九州大学教育学部卒業、同大学大学院教育学研究科博士課程中途退学。京都精華大学教授、安田女子大学教授などを経て、2012年まで松山大学人文学部社会学科教授。専攻は社会学（家族社会学、福祉社会学）。父子家庭、不登校、ひきこもり、障害者・高齢者介護の問題などについて、一貫して現場の支援者たちと協働するかたちで研究を続けてきた。著書に『介護とジェンダー――男が看とる 女が看とる』（家族社、1998年度山川菊栄賞受賞）、『介護問題の社会学』『家族の条件――豊かさのなかの孤独』（以上、岩波書店）、『父子家庭を生きる――男と親の間』（勁草書房）、『介護にんげん模様――少子高齢社会の「家族」を生きる』（朝日新聞社）、『高齢者とジェンダー――ひとりと家族のあいだ』（ひろしま女性学研究所）、『変わる家族と介護』（講談社現代新書）、『いま家族とは』（鶴見俊輔、浜田晋、徳永進との共著、岩波書店）など多数。

百《ひゃく》まで生《い》きる覚悟《かくご》　超《ちょう》長《ちょう》寿《じゅ》時《じ》代《だい》の「身《み》じまい」の作法《さほう》

2018年11月20日初版1刷発行
2022年9月10日　4刷発行

著　者 ―― 春日キスヨ
発行者 ―― 三宅貴久
装　幀 ―― アラン・チャン
印刷所 ―― 堀内印刷
製本所 ―― 榎本製本
発行所 ―― 株式会社光文社
東京都文京区音羽1-16-6（〒112-8011）
https://www.kobunsha.com/
電　話 ―― 編集部03（5395）8289　書籍販売部03（5395）8116
業務部03（5395）8125
メール ―― sinsyo@kobunsha.com

 ISBN 978-4-334-04379-7

964
品切れ、過剰在庫を防ぐ技術
実践・ビジネス需要予測
山口雄大
「いつどれくらい売れるのか?」を予測し、適切な量と頃合いでの商品供給を可能にする、製造業には欠かせない「需要予測」の技術を実践的に学ぶ。明日からすぐに役に立つ!
978-4-334-04370-4

965
〈オールカラー版〉究極のお洒落はメイド・イン・ジャパンの服
片瀬平太
流行、ブランド、品質、値段……。本当に身になるファッションは何か。結論は「日本製服飾品」だった! 日本中を駆け廻る徹底取材でメイド・イン・ジャパンの真の魅力を明らかに。
978-4-334-04371-1

966
オリンピックと東京改造
交通インフラから読み解く
川辺謙一
首都高、東海道新幹線、モノレール、羽田空港。1964年の五輪に合わせて多くのインフラが整備された。「未成熟な巨人」といわれた東京は、五輪とともにいかにして発展してきたのか。
978-4-334-04372-8

967
劣化するオッサン社会の処方箋
なぜ一流は三流に牛耳られるのか
山口周
近年相次ぐ、いいオトナによる下劣な悪事の数々は必然的に起きている――ビジネス書大賞2018準大賞受賞著者による、日本社会の閉塞感を打ち破るための画期的な論考! 緊急出版。
978-4-334-04373-5

968
図解 宇宙のかたち
「大規模構造」を読む
松原隆彦
私たちが住んでいる宇宙とは、一体いかなる存在なのか。宇宙の大規模構造を探ることは、宇宙の起源に迫ることに直結している。実証的アプローチで迫る、宇宙138億年の真実。
978-4-334-04374-2

969
秘蔵カラー写真で味わう60年前の東京・日本
J・ウォーリー・ヒギンズ

アメリカ出身、日本をこよなく愛する「撮り鉄」が、当時は超贅沢だったカラーフィルムでつぶさに記録した昭和30年代の東京&日本各地の人々と風景。厳選382枚を一挙公開。

978-4-334-04375-9

970
100万円で家を買い、週3日働く
三浦展

家賃月1万円で離島で豊かに暮らす／狩猟採集で毎月の食費1500円……。お金をかけずに、豊かで幸せな生活を実践する人々の事例を「再・生活化」をキーワードに紹介。

978-4-334-04376-6

971
ルポ 不法移民とトランプの闘い
1100万人が潜む見えないアメリカ
田原徳容

トランプ就任以降、移民への締め付けを強めるアメリカ。それでもなお、様々な事情で「壁」を越えてやってくる人々がいる。排除と受容の狭間で揺れる「移民の国」を徹底取材。

978-4-334-04377-3

972
パパ活の社会学
援助交際、愛人契約と何が違う？
坂爪真吾

女性が年上の男性とデートをし、見返りに金銭的な援助を受ける「パパ活」が広がりを見せている。既存の制度や規範の縛りから自由になった世界の「生の人間関係」の現実とは？

978-4-334-04378-0

973
百まで生きる覚悟
超長寿時代の「身じまい」の作法
春日キスヨ

なぜ多くの高齢者は「子どもの世話にはならない」と言いつつも、結局「成りゆき任せ」「子どもに丸投げ」になってしまうのか？元気長寿者らへの聞き取りから学ぶ、人生100年時代の備え。

978-4-334-04379-7